Michaela Hauptmann · Blubbern für die Lebensgeister

Michaela Hauptmann

Blubbern für die Lebensgeister

Fermentieren für mehr Vitalität und einen frohen Darm

ENNSTHALER VERLAG STEYR

www.ennsthaler.at

ISBN 978-3-7095-0138-2
Michaela Hauptmann · Blubbern für die Lebensgeister

Ennsthaler Gesellschaft m.b.H. & Co KG, 4400 Steyr, Austria
Satz und Umschlaggestaltung: Thomas Traxl
Grafiken: Amir Abou-Roumie, www.amirabouroumie.com
Umschlagfoto: © Stefan Mayer, https://mayermithut.com
Druck und Bindung: PBtisk a.s.

MIX
Paper from responsible sources
FSC® C004378

Inhalt

Blubbern für die Lebensgeister

Blubbern vor Freude, die wunderbaren Tage des Lebens voll Fröhlichkeit genießen. Unbeschwert und zufrieden mit sich selbst sein. Genießen. Dabei gesund, fit und vital bleiben – und das möglichst lange. Herrlich!

Ich bin mir sicher, in den Labors dieser Welt wird eifrig nach der »Pille« für das ewige, gesunde Leben geforscht.

Willst du auch möglichst lange gesund leben? Alt werden ohne gravierende Beschwerden? Möchtest du mit mehr Schwung und Elan durchs Leben gehen? Möglichst gesund und fit sein und bleiben? Aktiv und wach sein? Spaß am Leben haben? Wunderbar! Die Ernährung ist dabei ein wesentlicher Meilenstein. Mit einer für dich und durch dich individuell abgestimmten Lebensweise – und da ist die Ernährung eindeutig inbegriffen – kannst du wunderbar deine Lebensgeister wecken!

Warte nicht auf diese eine »Wunderpille«, nimm jeden Tag selbst die Entscheidung für dein Leben wahr! Bissen für Bissen hast du die Möglichkeit, für dich gut zu sorgen. Für deine Vitalität. Für Lebensfreude. Für ein gesundes Leben. Für einen fröhlichen Darm.

»Du bist, was du isst« – dieser Satz wird gern als Slogan für gesunde Ernährung herangezogen. Doch was bedeutet »gesund« essen? Geht es dir auch so: Du bist überfordert von den vielen Trends und Modeerscheinungen in der Ernährung? Viele, die sich nach den heute gültigen Richtlinien »gesund« ernähren, leiden unter Beschwerden: Verdauungsprobleme, schlechter Schlaf, Verspannungen und Kältesymptome sind häufige Folgen von manch falsch verstandener »gesunder« Ernährung.

Die TEM, die Traditionelle Europäische Medizin, mit ihrer 4-Temperamente-Küche kann hier ausgleichend wirken. Einen Grundsatz der TEM nehme ich gleich vorneweg:

Du bist, was du verdaut hast!

Dieses Buch lässt es im Einmachglas kräftig blubbern, um deine Verdauung und damit deine »Lebensgeister« in Schwung zu halten! Es bietet dir viele Anleitungen und Rezepte – und darüber hinaus tiefe Einblicke in die TEM, die Traditionelle Europäische Medizin.

Kurz gesagt: Lass es blubbern für deine Lebensgeister!

Die Diätetik der TEM hat einen anderen Anspruch an gesunde Ernährung als der Mainstream. Sie kennt kein Dogma. Kein »du musst« oder »du sollst«. Vielmehr steht die Individualität jedes Einzelnen im Vordergrund. Die Verdauung hat dabei einen ganz eigenen, essenziellen Anspruch. Sie steht im Mittelpunkt!

Um die Lebenskraft stark und lebendig zu halten, soll die Ernährung so sein, dass die Verdauung aktiv ist und die »Lebensmittel« so aufbereitet sind, dass der Körper alles bestmöglich aus ihnen he-rausholen kann. Jede einzelne Zelle freut sich auf die Nährstoffe, auf die Energie und gute Nahrung, um zu wachsen, sich zu spalten, zu vermehren, um Körper, Geist und Seele frisch und aktiv zu halten.

Es gibt so viele wunderbare Lebensmittel, die wir für unsere Vitalität nutzen können und dürfen. Ein unglaubliches Privileg unserer Zeit! Nutzen wir sie mit der Sorgfalt, die ihnen und uns – dir und mir – gebührt.

Sorgen wir für unseren Darm, unser größtes Immunsystem! Ein bewährter Weg ist es, die Darmflora zu stärken und vielfältiger zu machen. Aber wie? Halte sie zum Beispiel mit fermentiertem Gemüse bei Laune! Warum das so fein ist und guttut? Fermentieren ist einfach, natürlich, nachhaltig, ressourcenschonend und macht Spaß. Fermentiertes essen und genießen macht schöne Haut, sorgt für gutes Blut, stärkt das Immunsystem, das Herz, die Leber, die Nerven, den Geist und und und … die Liste der Vorteile ist lang.

Nach und nach wirst du in diesem Buch ein anderes Verständnis über die Verdauung erfahren. Es geht um die Verknüpfung zweier Sichtweisen: die rationale wissenschaftliche Medizin und das alte überlieferte europäische Heilwissen, die Traditionelle Europäische Medizin. Beides zu kombinieren, eröffnet einen ganz neuen Blickwinkel. Lass dich überraschen. Du wirst erfahren, was die »Temperamente« sind, woher sie kommen und welchen Einfluss sie auf deine Gesundheit haben. Und auch, was das Darm-Mikrobiom mit deinem Temperament zu tun hat, ganz gleich, ob dieses eher lebensfroh, impulsiv, bedächtig oder beständig ist.

Im Mittelpunkt des Buchs steht der genussvolle gesundheitliche Aspekt. Dabei möchte ich auf zahlreiche Themen und Fragen eingehen, wie etwa: Wie funktioniert die Verdauung aus der Sicht der TEM? Was versteht man unter Lebensgeistern? Was ist ein Mikrobiom? Was tun bei Histaminunverträglichkeit? Was denkt unser Bauchhirn? Welche Verbindung gibt es zwischen Bauch und Gehirn?

In diesem Buch findest du natürlich auch genaue Anleitungen zum Fermentieren von Obst und Gemüse, Rezepte für Sauerteig, Joghurt, Marmelade, essigsaures und eingelegtes Gemüse sowie jede Menge Alltagsrezepte, um die Fermente richtig zu genießen. Ebenso ist viel Wissenswertes zu finden, wie die verschiedenen Techniken der Nahrungskonservierung über die Jahrhunderte – denn das war der ursprüngliche Zweck des Fermentierens.

Fermentierte Lebensmittel wirken sich dank der vielen kleinen, besonders aktiven Milchsäurebakterien positiv auf unsere Darmgesundheit und unsere gesamte Lebensenergie aus. In diesem Buch erfährst du, warum wir es ab sofort im Einmachglas fröhlich blubbern lassen sollten und welchen Nutzen wir davon haben. Lass dich darauf ein, Kapitel für Kapitel. Probiere es selbst aus – lass es blubbern und greif zu!

Fermentieren ist ein Gewinn für die Gesundheit und sorgt für Genuss auf dem Teller.

Erklärungen und Hinweise

- Die Informationen in diesem Buch wurden von mir nach bestem Wissen und Gewissen recherchiert, zusammengetragen und reflektiert niedergeschrieben. Vieles beruht auf naturwissenschaftlichem Hintergrund und manches entspringt altem Heilwissen. Ziel ist die Gesundheitsvorsorge – das Gesundbleiben. Und auch wenn du krank bist, können die TEM und fermentierte Lebensmittel wunderbar unterstützen und helfen, ziehe aber bitte immer einen Arzt deines Vertrauens zurate.
- Die in diesem Buch angeführten Vorstellungen und Vorschläge sind nicht als Ersatz für eine professionelle medizinische oder therapeutische Behandlung gedacht. Die Anwendung geschieht nach alleinigem Gutdünken des Lesers – nach deinem Wunsch. Autor, Verlag, Berater, Vertreiber, Händler und alle anderen Personen, die mit diesem Buch in Zusammenhang stehen, können weder Haftung noch Verantwortung für eventuelle Folgen übernehmen, die direkt oder indirekt aus den in diesem Buch gegebenen Informationen resultieren oder resultieren sollten.
- Ich spreche dich in meinem Buch direkt an. Das Du-Wort habe ich mir einfach so herausgenommen, denn ich will dich so per-

sönlich wie möglich erreichen und dir die Sichtweise der TEM, der Traditionellen Europäischen Medizin, über Ernährung und Lebensweise näherbringen. Essen ist so etwas wunderbar Emotionales. Das Du macht es für uns beide einfacher.

- Auf das Binnen-I habe ich bewusst verzichtet. In der TEM sind die weiblichen und männlichen Prinzipien tief verankert und verwurzelt. Alles ist in allem enthalten. Wenn du hier also zum Beispiel vom »Melancholiker« oder vom »Choleriker« liest, fühle dich als Melancholikerin oder als Cholerikerin bitte ebenfalls angesprochen – sofern du es so für dich empfindest.

Wie es dazu kam … und was dich erwartet

Seit vielen Jahren – lange bevor ich zur TEM gekommen bin – beschäftige ich mich mit der Konservierung von Lebensmitteln. Das Einkochen, Einmachen und die Haltbarmachung durch Essig, Öl, Zucker und Salz wurden vom Hobby zur Leidenschaft. Wunderbar, die kleinen feinen Dinge zu veredeln, die einzelnen Geschmäcker zu betonen und mit Neuem zu kombinieren. So war es wohl Zufall – ja, es ist mir »zugefallen« und ich habe es angenommen –, dass ich im Jahr 2015 auf diese neue Art – in Gläsern – des wilden Fermentierens von Gemüse gestoßen bin. Ich fand es beeindruckend, hatte ich doch von Kindheit an eigentlich nur Sauerkraut als fermentiertes Produkt gekannt. Das riesige Krautfass im Keller der Nachbarn sehe ich heute noch vor mir. Es war immer ein Fest, wenn das Kraut »eingeschnitten«, gestampft und dann mit einem riesigen Stein beschwert wurde.

Doch ich war erst unsicher – ist das jetzt wieder einer dieser Modetrends? Fermentieren im Glas? Warum das denn? Die anfänglichen Zweifel und die Sorgen, etwas falsch zu machen, schwappten aber schnell in Begeisterung über. Umso mehr ich mich in diese für mich neue Materie vertiefte, umso klarer wurde mir, wie wichtig es ist, die Verdauung auf Trab zu halten, dem Verdauungssystem Vielfalt zu bieten und gesunde Bakterien zuzuführen. Es fiel mir wie Schuppen von den Augen, wie wesentlich die Darmgesundheit für den Allgemeinzustand ist. Für die Lebenskraft und Lebensfreude.

Es lag damals nahe, auch meine Diplomarbeit zur Ernährungsexpertin der Traditionellen Europäischen Medizin diesem beeindruckenden Thema zu widmen. Rückblickend war es eine ganz wunderbare Entscheidung. Ich bin noch tiefer in die Faszination des Fermentierens eingetaucht. Es hat mich gefesselt – und es ist dadurch so vieles entstanden.

Anfangs hütete ich meine Gläser, beobachtete genau die Luftbläschen, die aufstiegen. Hörte, wie es zischte und wie lebendig es war. Dann ergab sich eines nach dem anderen: Workshops, Vorträge und eine kleine Sendung im österreichischen Fernsehen. Es ist so fantastisch! Mit meiner Freude am Fermentieren durfte ich mittlerweile so viele Menschen anstecken und das »Blubbern« verbreiten. Achtung, du bist als Nächstes dran! ;)

Es sind die kleinen Schritte, die so viel bewegen, und so sind es auch die kleinen Gemüse-Portionen, die so fein schmecken, ohne viel Aufwand zubereitet sind und letztendlich eine enorme Kraft – Lebenskraft – für uns entfalten.

Gleich zu Beginn des Buchs erfährst du, warum Lebenskraft und Lebensgeister so eng mit der TEM verknüpft sind. Das alte Heilwissen verständlich und lebbar zu machen, ist mir persönlich sehr wichtig, da wir in Eigenverantwortung – sofern wir die Hintergründe ein wenig kennen und begreifen – schon viel in der Prophylaxe, der Vorsorge, für uns tun können. Ja, und dann und wann kommen hier auch lateinische Wörter vor, denn Latein ist die meistüberlieferte Sprache zur TEM. Vieles wurde früher in Klöstern niedergeschrieben und später dort wiederentdeckt. Doch keine Sorge, ein Lexikon wirst du bei der Lektüre nicht benötigen, ich verwende gern eine bildhafte Sprache. Am Ende des Buchs findest du jedenfalls eine Übersicht der einzelnen Fachbegriffe mit einer kurzen Beschreibung.

Jetzt gleich möchte ich dir einen Satz zur TEM mitgeben, um dich einzustimmen:

»Die Temperamente sind so wunderbar verschieden. Genieße und lebe dein Temperament.«

Nimm aus diesem Buch einfach das, was am besten zu dir passt. Ich lade dich ein, mutig zu sein, Vertrauen in dich zu haben. Probiere das eine und andere Neue und Ungewohnte aus. Gib dem Unbekannten eine Chance.

Fermentiertes bietet eigene Geschmäcker und Aromen, anfangs oft irritierend – ich weiß. Unser Gaumen, unsere Nase sind dies nicht mehr gewohnt. Aber gewöhne sie daran, langsam und stetig – es lohnt sich!

Fermentieren ist eine Reise zu »neuen« Lebensmitteln. Eine Reise zu einer neuen Art, Lebensmittel zu veredeln, zu verändern, sie zu »kochen« und zu genießen – und dabei ist diese Technik doch schon jahrtausendealt.

Lass dir die Fermente temperamentvoll schmecken!

Schön, dass du da bist!
Michaela Hauptmann

Was ist die TEM?

Gerne beschreibe ich in Workshops und Präsentationen die TEM anhand der drei Buchstaben T, E und M.

Auf der ganzen Welt gibt es verschiedene traditionelle Medizinsysteme: TCM (Traditionelle Chinesische Medizin), TTM (Traditionelle Tibetische Medizin), TPM (Traditionelle Persische Medizin) und andere mehr. Was alle vereint, ist die Betrachtung des Menschen in seiner Ganzheitlichkeit – mit seinen Stärken und Schwächen, seinem Umfeld. Mit der Philosophie, Natur, Geografie, Kultur, der Religion und den Lebensmitteln, die in den einzelnen Regionen seit Tausenden von Jahren verankert sind. Man spricht vom »großmütterlichen Gedächtnis«, überliefert von Generation zu Generation mit dem Hintergedanken, eigenverantwortlich für die Gesundheit und Lebensfreude zu sorgen. Übermittelt durch Märchen, Mythen oder Lieder, in Gebeten verankert oder aus alten Schriften übersetzt. Bräuche und Riten zeugen von der Lebensführung, von Rhythmus und Heilanwendungen.

Traditionell (T) bedeutet keineswegs veraltet und starr. Nein, es hat eigentlich etwas Revolutionäres. Es strebt nach Veränderung, Verbesserung, Evaluierung. Es ist wichtig, ob etwas von damals auch heute noch passt. Gleichzeitig betrachtet es das Heutige, ob es passend ist. Die Balance, die Ausgeglichenheit für die Gesundheit stehen im Vordergrund.

Europa (E) ist vielschichtig. Es ist mehr als das Europa, wie wir es heute kennen. Deutlicher wird dies, wenn man bedenkt, dass die europäischen Sprachen indoeuropäisch sind. Weltreisende und Völkerwanderung bewegten viel. Auch die Kulturen Ägyptens, Bagdads, Persiens und Tibets hatten einen zentralen Einfluss auf das europäische Medizin- und Heilsystem.

Die alte **Medizin** (M) hatte eine philosophische Betrachtungsweise. Gesundheit, Harmonie und innere Stabilität waren gegeben durch eine bestimmte Lebensführung, man konnte diese selbst beeinflussen. Der Umbruch im 19. Jahrhundert durch die Zellularpathologie (Krankheiten basieren auf Störungen der Körperzellen bzw. ihrer Funktionen) verdrängte die alte Medizin, die Humoralpathologie (das Gleichgewicht der Körpersäfte ist Voraussetzung für die Gesundheit). Man fokussierte sich auf die Behandlung und wissenschaftliche Analyse von Krankheiten. Die Medizin der Prävention wurde dadurch vernachlässigt, ja fast vergessen.

Die »neue« TEM sieht sich darin, das alte Wissen aufleben zu lassen. Es geht darum, die Eigenverantwortung wieder in den Mittelpunkt zu stellen und letztendlich das Wissen der vergangenen Generationen neu zu evaluieren. Die Traditionelle Europäische Medizin fördert das Wohlbefinden und betrachtet den Menschen – dich und mich – individuell, ganzheitlich, mit seinen europäischen Wurzeln und in seinem aktuellen Lebensumfeld.

Das alte Wissen beruht auf der Entstehung der Welt – zumindest so, wie man es sich vor Jahrtausenden vorstellen konnte. Die Planeten wurden intensiv betrachtet und analysiert. Ebenso Sonne und Mond. Feuer und Eis wurden als besondere Gegensätze wahrgenommen. Beeindruckend nahe sind diese Gegensätze in Island. Feuerspeiende Vulkane und ewiges Eis. In Island beispielsweise hat man die Vorstellung, dass Leben erst entstand, als das Eis durch die Kraft des Feuers schmolz und sich die beiden Gegensätze annäherten. Diese und ähnliche Hypothesen über die Entstehung der Welt sind auch in anderen traditionellen Medizin- und Heilsystemen die Basis, um die Welt mit all ihren Geschöpfen zu verstehen.

Es gibt sie immer noch, die Gegensätze. Feuer und Eis. Es ist einerseits Energie und andererseits Materie – die Substanz auf der Erde.

- Das Ur-Eis ist die rohe, ursprüngliche Substanz. Reine Materie. Nichts bewegt sich – es herrscht absoluter Stillstand. Der absolute Nullpunkt: minus 273,15 °C sind erreicht. Eine Kälte, die physikalisch belegt ist, die man sich dennoch nicht vorstellen mag. Diese eisige Kälte ist lebenswidrig. Eine Existenz scheint unmöglich.
- Das Ur-Feuer ist die absolute Wärme. Unvorstellbare, urgewaltige Energie, die durch Reibung entsteht. Die Bewegung der Teilchen ist am absoluten Maximum angelangt. Die Energie ist auf dem Höhepunkt.

Bewegung ist ein Grundkennzeichen der TEM. Daraus folgen Ausgleich und Energie. Darauf basiert Fortschritt. Darauf beruht Individualität – die Individualität der Temperamente.

Beide Zustände, beide Pole, die hier beschrieben sind, sind Urkräfte. Ur-Feuer und Ur-Eis. Letztendlich ist es aber eine rein philosophische Betrachtung, da beide in der Natur so nicht existent sind. In ihrem Spannungsfeld jedoch entsteht Bewegung, Veränderung, Leben! Es ist mal feuchter, mal wärmer, mal trockener und mal kälter. Diese Qualitäten sind Teil der Natur und beeinflussen die Natur sowie den Menschen und seine Ernährung. Jedes Lebensmittel hat ganz spezielle Qualitäten. Jeder Mensch, jedes Tier, jede Pflanze hat einen Platz in diesem Spannungsfeld der Urkräfte.

Die vier Grundtemperamente der TEM – Sanguiniker, Choleriker, Melancholiker und Phlegmatiker –, die auf die Temperamentenlehre des griechischen Arztes Galenos von Pergamon (bekannt auch als »Galen«, ca. 129–215 n. Chr.) zurückzuführen sind, sind keine wissenschaftliche Typisierung. Sie finden sich nicht eindeutig in den Körperzellen wieder. Die Temperamente sind Teil des bildlichen Schemas der Urkräfte, Ur-Feuer und Ur-Eis.

Die Grundlage dieser vier Temperamente bildet die Vier-Säfte-Lehre, die auf den Arzt Hippokrates (um 460 v. Chr.) zurückgeht. Die TEM spricht von vier Körpersäften, den »Humores« (was griechisch-lateinisch so viel wie Feuchtigkeit, Leibessaft bedeutet): Sanguis, Chole, Phlegma, Melanchole.

Diese vier Säfte sind die Vertreter der Elemente, Luft, Feuer, Erde und Wasser. Sie entstehen aus der Verdauung und von ihnen leiten sich die Temperamente ab. Bei dieser Zuordnung siehst du zuerst die Beschreibung der Qualitäten. Feuchtigkeit zum Beispiel gibt es eben mal intensiv und nass und dann auch mit einer gewissen Trockenheit – und genau darauf beruht auch die Zuordnung der Elemente.

- **Sanguis** ist wie das Blut feucht und warm. Es stellt durch Feuer bewegtes Wasser dar und ist Vermittler der Vitalkräfte. Sanguis repräsentiert das **Element Luft** und steht für den Sanguiniker, für Aktivität, die Kindheit, den Frühling und den Morgen.
- **Chole**, auch Cholera genannt, die Gelbgalle, ist warm und trocken. Sie bewegt und verändert das Feuer durch umwandelnde Kräfte. Chole repräsentiert das **Element Feuer** und steht für den Choleriker, für Aktivität, das Erwachsensein, den Sommer und die Mittagszeit.
- **Melanchole**, auch Melancholera genannt, die Schwarzgalle, ist trocken und kalt. Sie gibt Stütze, setzt Grenzen und symbolisiert Verbrauchtes. Melanchole repräsentiert das **Element Erde** und steht für den Melancholiker, für Ruhephasen, das Altern, den Herbst und den Abend.
- **Phlegma**, der Schleim, ist kalt und feucht. Er nährt das Feuer mit Substanz und ist die Urquelle aller Feuchtigkeit. Phlegma repräsentiert das **Element Wasser** und steht für den Phlegmatiker, für Ruhephasen, das Baby, den Greis, den Winter und die Nacht.

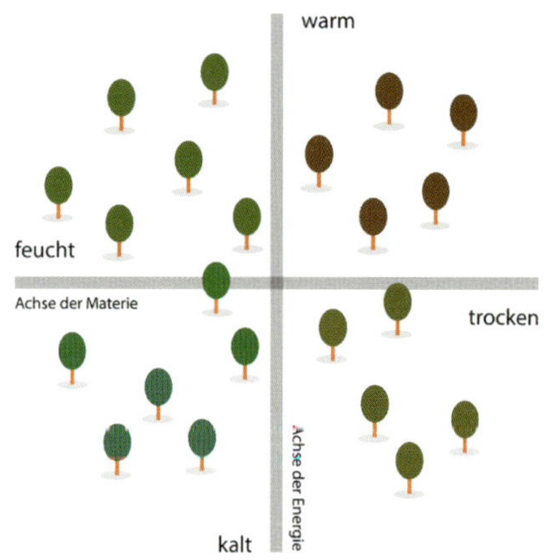

Die Temperamentenlehre kategorisiert den Menschen nach seiner Grundwesensart und bezieht die verschiedenen Funktionen und Wirkungen von Klima, Krankheit, Medikamenten und zeitlichen Konstellationen mit ein. Im Mittelalter wurde die Temperamentenlehre Galens noch durch die Zuordnung von Elementen, Himmelsrichtungen, Jahreszeiten, Planeten, Sternzeichen und Tonarten erweitert.

Körpersymptome, Organe, Körpersäfte, Tages- und Jahreszeiten, Lebensabschnitte, Elemente und Farben sind in der Temperamentenlehre zugeordnet.

Jeder Mensch hat ein Grundtemperament – eine Basis. In Reinform kommen Sanguiniker, Choleriker, Phlegmatiker oder Melancholiker nicht vor.

Das Grundtemperament stellt wie das Geschlecht, der Genpool und andere erbliche Belastungen einen ererbten Faktor der Konstitution dar. Klimatische Einflüsse, Einflüsse der Kindheit, Lebensumstände, Lebensführung, Ernährung, Krankheiten und deren Therapien, Lebensalter, strukturelle Veränderungen und vieles mehr haben einen enormen Einfluss auf das Grundtemperament und prägen den erworbenen Teil der Konstitution.

Ziel der TEM und der 4-Temperamente-Küche ist es, auf Basis dieser Temperamentenlehre die individuelle Konstitution zu stärken, Dysbalancen zu regulieren und die Selbstheilung zu aktivieren. Die TEM betrachtet den Menschen mit seinem ihm ureigenen Grundtemperament, seiner Konstitution und Gedankenwelt niemals isoliert, sondern immer in der Zusammenschau mit Lebensumständen, aber auch im Wechselspiel mit Jahreszeit, Umwelt, Klima und Lebensphase.

Hula-Hoop für die Gesundheit

Es ist nicht immer so einfach – was ist »gesund«? Was hält uns in Balance? Wie kann man die TEM verstehen und was ist mit dem Begriff »Lebensgeister« überhaupt gemeint?

Du kennst sie bestimmt – die Hula-Hoop-Reifen, die man mal mehr, mal weniger gekonnt um die Hüfte kreisen lässt. Man ist bemüht, sie ja nicht fallen zu lassen. Manche beherrschen diese Technik phänomenal. Gehörst du zu jenen, die das mit Leichtigkeit tun? Gratuliere! Ich finde das fantastisch und beobachte es gern. Es ist der erste Schwung, der wichtig ist: Er sollte parallel zum Boden verlaufen, um den Reifen mit minimaler Kraft oben halten zu können ... so die Theorie. Na ja, ich selbst übe einfach weiter.

Doch was ist der »erste Schwung« der sogenannten Lebensgeister? Was hat Hula-Hoop mit den Lebensgeistern zu tun? Was sind denn »Lebensgeister« überhaupt? Wie wird es für uns einfach und leicht, und kann man auch, wenn der erste Schwung nicht richtig gesetzt ist, noch in die Balance kommen?

Hula-Hoop der Lebensgeister

Schauen wir uns gleich zu Beginn die »Lebensgeister« genauer an.

Die drei Lebensgeister ... schwungvoll im Gleichgewicht

Die Lebensgeister spielen eine wichtige Rolle in der Traditionellen Europäischen Medizin. Sie haben eigene Namen und eigene Aufgaben. Sie beruhen auch auf einer philosophischen Betrachtung – Philosophie kommt in der TEM oft vor.

Drei zentrale Lebensgeister sind es, die als bildliche »Werkzeuge« die Lebenskraft formen und erhalten. (Ausführlich kann man darüber in meinem Buch »Temperamentvoll essen« nachlesen.) Man

Lebenskraft – Vis vitalis

Spiritus animalis

- Seelengeist
- Kopfhirn
- Gehirn
- Nervenleistung – Sinnesvermittlung

Spiritus vitalis

- Luftgeist
- Brusthirn
- Herz
- Dynamik – Rhythmik – Verteilung

Spiritus naturalis

- Stoffgeist
- Bauchhirn
- Leber
- Ernährung – Ausscheidung

sieht sie in direktem Bezug mit drei verschiedenen Körperebenen. Nennen wir diese drei Lebensgeister beim Namen:

Spiritus animalis – der Seelengeist, der gelbe Hula-Hoop-Reifen (siehe Abbildung) – er ist für das Kopfkino … für das Kopfhirn verantwortlich.

Spiritus vitalis – der Luftgeist, der rote Hula-Hoop-Reifen – er sorgt für die Dynamik und Rhythmik.

Spiritus naturalis – der Stoffgeist, der grüne Hula-Hoop-Reifen – er steuert den Hunger und die Ausscheidung.

Jeder dieser drei Lebensgeister hat ein spezielles Aufgabengebiet – und dennoch arbeiten sie Hand in Hand. Als Ursprung aller Körperfunktionen sind sie gemeinsam Symbol und Prinzip der Lebenskraft – und dafür sollen sie gut genährt werden. Hakt es bei einem Lebensgeist, versuchen die beiden anderen zu stützen und zu helfen. Dauert dies zu lang oder ist der Prozess zu intensiv, leiden auch die beiden helfenden Lebensgeister darunter und die Lebenskraft, die Energie, lässt nach. Um dies zu vermeiden, achte darauf, alle drei Lebensgeister bestmöglich zu versorgen.

Um wohl und effektiv genährt zu sein, benötigen die Lebensgeister Folgendes fortwährend: Bewegung, Flüssigkeit, feste Nahrung. Ebenso brauchen sie Luft und Licht, um ausreichend Energie zu entwickeln und den Stoffwechsel in Gang zu halten.

Die moderne, naturwissenschaftlich orientierte Medizin sieht das Leben als die Folge von chemischen und physikalischen Prozessen, die in Summe als Stoffwechsel in Erscheinung treten.

Die TEM hingegen sieht den Stoffwechsel als Folge des aktiven Lebens: Erst wenn eine belebende Kraft tätig ist, findet ein Stoffwechsel statt. Diese belebende Kraft stellt die Lebenskraft dar und ist nichts anderes als die Gesamtheit der Lebensgeister (Spiritus). Für die alte Medizin sind die »Lebensgeister« Ursache aller Bewegungen: Alle inneren und äußeren Bewegungen erfolgen nur durch die Wirkung der Lebensgeister. Alle Funktionen und deren Heilung sind von ihnen abhängig, werden von ihnen in Gang gesetzt, gelenkt und begrenzt.

Doch wie kommt nun der »erste eigene Schwung« so richtig zustande? Es ist der erste Atemzug! Bereits innerhalb von Sekunden nach der Geburt ist es so weit – der allererste Atemzug des Menschen, und nach weniger als einer Minute setzt die regelmäßige Atmung ein. Lebenskraft wird eingeatmet. Energie. Spiritus. Leben.

Einen schöneren Grund als diesen kann es wohl kaum geben, um der Atmung als elementarer Nährstoffquelle auch eine optimale Versorgung zu bieten.

Lunge und Verdauung sind eng gekoppelt. Die Lunge entsteht als Ausknospung aus einem Teil des embryonalen Darmrohrs und daher werden beide – Lunge und Verdauung – auch als verwandte Systeme betrachtet.

Seelengeist des Gehirns – Spiritus animalis

Die Hauptaufgabe dieses Lebensgeistes ist die Vermittlung der fünf Hauptsinne: Sehen. Schmecken. Riechen. Hören. Tasten. Und auch jene der intellektuellen Sinnesfunktionen: Vorstellungskraft. Urteilskraft. Erinnerungsfähigkeit und Gemeinsinn – wir bezeichnen das heute als »gesunden Menschenverstand«. Alle Sinneseindrücke werden durch den Seelengeist zu einem Ganzen gebündelt, wahrgenommen und umgesetzt.

Der Atem gilt als Sitz und Nahrung der Seele und entzündet den Lebensfunken. Durch die Atmung wird der Seelengeist genährt, und das am besten mit durch die Sonne ionisierter Luft. Ja, ein Sonnenbad – richtig durchgeführt – ist Balsam für die Seele, und längst ist wissenschaftlich bestätigt: Regelmäßige Sonnenbäder fördern auch den so wichtigen Vitamin-D-Spiegel im Körper.

Ein heißer Tipp: Sonnenbad nach Pfarrer Kneipp

Der deutsche Priester und Naturheilkundler Sebastian Kneipp erkannte, dass Licht und Sonne die Haut berühren müssen, um zu heilen. Er befreite Körper und Füße von einengender Kleidung und spitzen Schuhen. Es war eine Revolution, als vor mehr als hundert Jahren die Damen im Dorfbach von Bad Wörishofen ihre Knöchel zeigten und die Herren im offenen Hemd, in Sandalen oder gar barfuß durch die Straßen spazierten. Es war eine Rückbesinnung auf die Heilmöglichkeiten der Natur, auf Licht, Sonne, Luft und Wasser.

Sonnenbestrahlung ist allerdings kein Heilmittel, das sorglos angewendet werden kann. Besonders bei hellblondem Haar und blasser Haut kann zu langes Sonnenbaden durchaus gefährlich sein. Es kann zu starken Reaktionen führen, wie Kopfschmerzen, Flimmern vor den Augen, Herzklopfen, und sogar den »schwarzen Hautkrebs«, das metastasierende Melanom, auslösen.

Und so geht's:
Wenig hilft viel! Man legt oder setzt sich anfangs zweimal täglich je 8 bis 12 Minuten in die Sonne – mit möglichst wenig Kleidung. Auf jeden Fall die Hosenbeine und Ärmel aufkrempeln und keine Sonnencreme verwenden. Abhängig von der körperlichen Verfassung kann man das Sonnenbad auch gern mit einem kurzen Spaziergang verbinden. Eine besonders starke Wirksamkeit haben die ultravioletten Strahlen zwischen 11 und 15 Uhr. Beendet wird das Sonnenbad mit einer kurzen kalten Anwendung. Ideal sind eine kühlende Gesichtsdusche oder ein erfrischender Armguss.
Gegenindikation nach Kneipp: bei Arterienverkalkung, nervöser Erregbarkeit, nach einem Schlaganfall und bei sehr hohem Blutdruck.
Gefahren bei unvernünftiger und zu langer Anwendung: Sonnenbrand, Sonnenstich, Überreizung des Nervensystems.
Im Vordergrund stehen: Lebensfreude, Sonnenergie, Vitalität und Vitamin D.

Das Gehirn – die zentrale Rolle?

In der Medizin ging man immer davon aus, dass das Gehirn die zentrale Rolle im Organismus einnimmt. In unserer westlichen rationalen Welt kommt dem Gehirn eine ganz besondere Bedeutung zu: Analyse von Zahlen, Daten und Fakten. Alles muss wissenschaftlich bewiesen sein, sonst gilt es nicht.

- Das Gehirn ist ein Netzwerk aus 80 bis 100 Milliarden Nervenzellen (Neuronen).
- Die Neuronen bilden untereinander Kontakte. Diese Synapsen sind unerlässlich und ermöglichen Reizreaktionen.
- Das menschliche Gehirn setzt sich im Wesentlichen aus vier Teilen zusammen: Großhirn, Kleinhirn, Zwischenhirn und Hirnstamm.
- Das Gehirn ist der Hauptempfänger für die Informationen, die wir über unsere fünf Sinne wahrnehmen.

Neben dieser »Zentrale« im Kopf gibt es auch das »Bauchhirn«. Die Entdeckung, dass neunzig Prozent der Informationen von unserem Bauchhirn zum Kopfhirn geschickt werden, hat bewiesen: Das Bauchhirn, sprich unser Bauchgefühl, ist wesentlich dominanter als unser Gehirn selbst. Man kann also durchaus davon sprechen, dass das Kopfhirn eine Marionette des Bauchhirns ist. Einzig der Geruchssinn wirkt direkt vom Kopf- zum Bauchhirn. Beim Essen wird zuerst der Geruch und danach der Geschmack eines Nahrungsmittels wahrgenommen – und dadurch bereits die Verdauung in Gang gebracht. Als übergeordnete Instanz passt das Gehirn über das Nervensystem situationsbedingt die Verdauungsleistung an. Das Gehirn ist somit sehr eng über die drei Spiritus mit der Lebenskraft verknüpft. Es vernetzt die drei Instanzen des Denkens und Fühlens: Bauch, Herz und Kopf.

Spiritus animalis – der Seelengeist, der gelbe »Hula-Hoop-Reifen« –, ist für das Kopfhirn verantwortlich.

In der TEM zählt das Gehirn neben Blut, Herz und Leber zu den edelsten Organen, es ist Sitz des Phlegmas. Das Gehirn zieht Phlegma an, reinigt und verteilt es wieder, es kontrolliert somit den Abfluss von Stoffwechselendprodukten. Aufgrund der hohen Nerventätigkeit des Gehirns braucht es eine optimale Kühlung und Befeuchtung, ein hohes Maß an Spiritus und Luftnahrung – Atmung. Neben der Atmung braucht es auch eine konstante Ernährung – Hirnnahrung: Kohlenhydrate für die Energie, Proteine und Fette als Bau- und Betriebsstoffe, Flüssigkeit. Und es bedarf Bewegung. Täglich, regelmäßig, im passenden Ausmaß. Ist der Körper aufgrund von entgleister Ernährung, Bewegungsmangel oder auch zu intensiver Bewegung übersäuert, entstehen Gewebeverklebungen. Die Durchgängigkeit und somit Vernetzung mit dem Gehirn ist gestört.

Aktive Denkleistung bewegt das Hirnphlegma: lernen, üben, studieren, aber auch Sport! Sport, vor allem an der frischen Luft, bringt energetisierte Luft für den Seelengeist, für die Lunge, für das Gehirn. Auch ein guter, erholsamer Schlaf ist wichtig, um das bewegte Phlegma abzuleiten. Eine tropfende Nase, tränende Augen, Speichelausfluss über den Mund – all das passiert und ist gut so. Gerade beim Schlafen ist daher die Bauchlage besonders für Phlegmatiker so wohltuend und reinigend.

Luftgeist des Herzens – Spiritus vitalis

Spiritus vitalis – der Luftgeist, der rote »Hula-Hoop-Reifen« –, sorgt für die Dynamik und Rhythmik im Körper.

Der zweite Lebensgeist gibt den Takt. Er bestimmt den Rhythmus. Rhythmik und Verbreitung sind die zentralen Kräfte dieses Lebensgeistes – in Form von Zirkulation, Atmung und Herzschlag.

- Das Ein- und Ausfließen von Atmung stellt einen rhythmisch fließenden Kreislauf dar.
- Rhythmik und Qualität des Herzschlags sowie des Pulses sind Möglichkeiten zur besonderen Diagnose in der TEM.
- Verbreitung von Wärme und vitaler Feuchte.
- Sowohl der Nährstrom, das Blut, als auch der Klärstrom, die Lymphflüssigkeit, zirkulieren in ihrer Regelmäßigkeit.

Das Herz hat, so wie auch der Darm, ein eigenes Netzwerk aus Zehntausenden Neuronen. Es stellt somit auch eine Art eigenes Gehirn dar, das »Brusthirn«. Durch den komplexen neuronalen Schaltkreis kann das Brusthirn unabhängig vom Kopfhirn arbeiten. Auch kann es Veränderungen schneller spüren als das Kopfhirn.

Der Luftgeist hat die Fähigkeit, sich zu erinnern, zu lernen und sich an neue Lebensumstände anzupassen. Sind wir aus dem Takt, hilft ein tiefer Atemzug. Einatmen und ausatmen. Über die Verbindung des vegetativen Nervensystems kann das Herz direkt auf das Kopfhirn einwirken. Sind Atmung, Herzschlag und Blutdruck aufeinander abgestimmt, ist das die perfekte Basis für Wohlbefinden und Vitalität.

Stoffgeist der Leber – Spiritus naturalis

Der dritte bedeutende Lebensgeist nimmt seine Rolle im Versorgungskreislauf wahr. Sowohl im Nähr- als auch im Klärstrom. Er sorgt dafür, das Wesentliche aus der Nahrung festzuhalten und so umzuwandeln, dass es gut in die Zellen eingebettet werden kann. Selektiv achtet er darauf, dass ausgeschieden wird, was nicht benötigt wird bzw. für den Organismus gefährlich und giftig ist. Ist alles gut versorgt und ausgeschieden, weckt er den Hunger, den Bedarf an Nährstoffen. Das passiert gleichmäßig, immer im Rhythmus mit den beteiligten Organen und anderen Lebensgeistern. In diesem Sinn sorgen regelmäßige Essenszeiten sowohl für Ausgeglichenheit im Gemüt als auch im Magen-Darm-Trakt.

Die Leber als Quellorgan für den Spiritus naturalis ist wesentlich an der Verdauung beteiligt. Im Rahmen der Kochungen (mehr dazu im Kapitel »Verdauung und Ernährung«) wird die Grundlage für die vier Körpersäfte – Sanguis (Blut), Chole (Gelbe Galle), Melanchole (Schwarze Galle) und Phlegma (Schleim) – gebildet.

Das Bauchhirn bildet mit seinem ausgeprägten eigenständigen Nervensystem wiederum die Wurzel für den Seelengeist – hier schließt sich der Kreis.

Spiritus naturalis – der Stoffgeist, der »grüne Hula-Hoop-Reifen« –, steuert Hunger und Ausscheidung.

Im Darm, unserem größten Immunsystem, der sich zentral im Bauchhirn befindet, leben mehr als siebzig Prozent aller Abwehrzellen, die das Bauchhirn wesentlich beeinflussen und die wiederum durch das Bauchhirn beeinflusst werden. Über viele verschiedene andere Signalmoleküle, sogenannte Neurotransmitter, verständigen sich die Neuronen untereinander – und so kontrolliert das Bauchhirn die Aktivität des Verdauungstrakts. Dieses eigene Nervensystem würde es dem Darm ermöglichen, auch ohne Zentralnervensystem lebensfähig zu sein. Sensationell, oder?

Gutes für den Darm – Darmgesundheit und Immunsystem

Der Begriff Probiotika kommt von »pro bios« (griech.) und bedeutet »für das Leben«. Probiotika sind lebendige Bakterienkulturen, die dem Körper zugeführt werden, um nützliche Darmbakterien aufzubauen und zu fördern.

Der Darm als unser größtes Immunorgan ist als erste Instanz für die Abwehr von Krankheitserregern verantwortlich. Wenn das Mikrobiom des Darms nicht im Gleichgewicht ist, funktioniert auch die Immunabwehr nicht.

Naturjoghurt, Sauerkraut & Co. haben einen großen Einfluss auf das Mikrobiom. Milchsauer vergorene Lebensmittel wirken als Probiotika im Darm. Diese haben zahlreiche positive Auswirkungen: sie verhindern die krankhafte Verkeimung und optimieren die Mineralresorption, den Fettstoffwechsel und die Zusammensetzung der Darmflora. Sie fördern den Abbau von Stoffwechselgiften, binden gefährliche Substanzen wie Nitrosamine und Nitrite und wirken krebshemmend.

Im Verdauungstrakt wird grob zwischen zwei Arten von Bakterien unterschieden, den fäulnisbildenden Kolibakterien und den gesundheitsförderlichen Bakterien (Probiotika), zu denen auch die Lakto- und die Bifidobakterien zählen. Diese sind die natürlichen Gegenspieler der Kolibakterien und halten das Darmmilieu im Gleichgewicht. Die nützlichen Bakterien sollten mit 85 Prozent überwiegen.

Passt dieses Gleichgewicht nicht, werden zu wenige Verdauungsenzyme produziert und unvollständig verdaute Nahrung bleibt im Darm hängen. Kolibakterien nehmen überhand und es beginnt im Darm zu »faulen«. Unangenehm riechende, teilweise giftige Gase entstehen. Diffuse Gefühle im Kopf, Mattigkeit, Lustlosigkeit und Konzentrationsprobleme können die Folge sein.

Auch der Geruch von Stuhl und Harn ist ein Indikator für die Funktion unseres Verdauungssystems. Je geruchloser beides, umso reiner ist das Verdauungssystem und umso harmonischer arbeiten die Mikroorganismen im Darm.

Verdauung & Ernährung – Zwei Sichtweisen, viele Faktoren

Unser Körper ist ein Wunderwerk. Es ist unglaublich faszinierend, was ein Bissen Nahrung bewirkt. Wie er durch den Körper wandert, um schließlich ein Teil von uns zu sein.

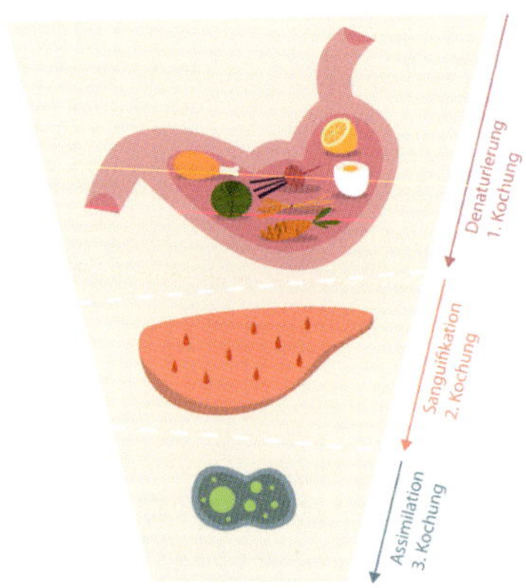

Pragmatisch betrachtet beginnt die Verdauung aller Speisen bereits im Mund und endet beim Schließmuskel beziehungsweise in der Kloschüssel. Unser Verdauungssystem ist wie ein durchgängiges Rohr mit zwei Öffnungen – eine oben, eine unten. So weit zur knappen Realität.

Zwischen diesem Ein- und Ausgang tut sich eine ganze Menge. Was sich da alles genau tut, ist tatsächlich teilweise noch ein Mysterium. Es ist schwieriger und aufwendiger, als es scheint. Über unser Verdauungssystem gibt es unzählige Studien – und dennoch gilt es als das am wenigsten erforschte System unseres Körpers. Die Vielfalt und Komplexität sind enorm.

Die Wissenschaft und die TEM haben auch hier verschiedene Blickwinkel. Die eine konzentriert sich auf die Leistungsfähigkeit und die andere auf die Gesunderhaltung. Es macht Spaß und vor allem Sinn, beides miteinander zu kombinieren. Das Schöne daran: Man darf in der TEM, ganz nach dem Motto der Weiterentwicklung, auch die Aspekte der Wissenschaft mit einbinden. Vieles, was seitens der alten Medizin auf philosophischer Ebene richtig betrachtet wurde, wird jetzt auch wissenschaftlich bewiesen. Für Temperamente, die eine Beweisführung brauchen, ist die wissenschaftliche Forschung eine feine Sache. Und ja, zum Glück gibt es auch die Schulmedizin.

Verdauung à la Schulmedizin

Kennst du das? Du wirst gefragt, wie deine Verdauung ist – und du denkst sofort an die Ausscheidung.

Der Begriff Verdauung, wie wir ihn aus der Schulmedizin kennen, bezeichnet die Zerkleinerung und anschließende Aufspaltung der Nahrung in ihre Bestandteile, damit die Nährstoffe aus dem Darm an das Blut weitergeleitet werden können. Mit dem Blutstrom gelangen die Nährstoffe in die einzelnen Körperzellen. Alles andere wird ausgeschieden.

Der erste Schritt der Verdauung wird im Mund vorgenommen. Gründliches, ausreichend langes Kauen der Nahrung sorgt für ein gutes Einspeicheln. Wenn das passt, kann das Enzym Amylase die Kohlenhydrate bereits im Mund aufspalten.

Im nächsten Schritt wird die zerkleinerte Nahrung im Magen mit der Magensäure vermengt. Durch die Aggressivität der Magensäure werden über die Nahrung aufgenommene Keime und Bakterien abgetötet. Durch die Freisetzung spezieller Enzyme wird im Magen die Verdauung der Eiweiße eingeleitet.

Vom Magen gelangt der Nahrungsbrei in den Dünndarm. Im ersten Teil des Dünndarms, dem Zwölffingerdarm, erfolgt der wichtigste Teil des Verdauungsvorgangs: Die in der Bauchspeicheldrüse und in der Leber gebildeten Verdauungssäfte und Enzyme fließen in den Zwölffingerdarm und sorgen dort für die vollständige Aufspaltung der Nahrung. Die Hauptnährstoffe werden in ihre kleinsten Bausteine zerlegt: Aminosäuren werden aus den Proteinen gewonnen, Fettsäuren und Glycerin aus Fett sowie Einfachzucker aus den Kohlenhydraten.

Durch die Wand des Dünndarms werden die Nährstoffe in die Blut- und Lymphgefäße transportiert, um von dort in die Leber zu gelangen. Der übrig gebliebene Speisebrei enthält jetzt nur noch unverdauliche Bestandteile sowie Flüssigkeit.

Im Dickdarm erfolgt der letzte Teil des Verdauungsvorgangs. Der Dickdarm entzieht dem Stuhl Wasser und dickt ihn dadurch ein. Durch seine Fähigkeit, Natrium-, Kalium- und Chlorid-Ionen aufzunehmen oder auszuscheiden, ist er an der Feinregulation des Elektrolythaushalts beteiligt. Der unverdauliche Rest wird an den Enddarm weitergegeben. Bei einer ausreichend großen Füllmenge im Enddarm entsteht ein Stuhldrang, der schlussendlich zur Ausscheidung führt. So weit eine kurze Beschreibung unserer Verdauung.

Ernährung à la Wissenschaft

Die Betrachtung der Ernährung aus wissenschaftlicher Perspektive ist noch sehr jung, sie wurde zuallererst von Chemikern erforscht. Erst in den 1950er-Jahren wurde das Studium der Ernährungswissenschaft eingeführt: Biologie, Chemie, Mathematik und Physik, anorganische Chemie, funktionelle Biologie, Biochemie und Genetik. Spezialgebiete sind die Lebensmittelchemie, Ernährungsphysiologie, das Lebensmittelrecht und die Ernährungsmedizin. Wirtschaftliche Aspekte konzentrieren sich auf den Bereich Produktionstechnik.

Der Wissenschaft verpflichtet sind auch die drei großen Vereine im D-A-CH-Raum, die Österreichische Gesellschaft für Ernährung (ÖGE), die Deutsche Gesellschaft für Ernährung (DGE) und die Schweizerische Gesellschaft für Ernährung (SGE bzw. SSN). Die wissenschaftliche Betrachtung der Ernährung wurde viele Jahre lang ausschließlich an der Zufuhr der reinen Nahrungsenergie gemessen – Kilokalorien und Kilojoule sind die messbaren Werte.

Laut ÖGE benötigt der Körper, um gesund und leistungsfähig zu bleiben, eine Vielzahl von Nährstoffen. Ja genau, es geht auch um die Leistungsfähigkeit.

Einen Wegweiser für die richtige Lebensmittelauswahl stellen die folgenden zehn grundlegenden Empfehlungen der ÖGE dar:[1)]

1. Vielseitig und genussvoll essen

2. Reichlich Flüssigkeit – mindestens 1,5 Liter am Tag

3. Gemüse, Hülsenfrüchte und Obst – 5 Portionen am Tag

4. Getreideprodukte und Erdäpfel – 4 Portionen am Tag

5. Milch und Milchprodukte – 3 Portionen am Tag

6. Fisch, Fleisch und Wurstwaren, Eier – bewusster Verzehr

1) https://www.oege.at/wissenschaft/allgemeine-ernaehrungsempfehlungen/10-ernaeherungsregeln-der-oege/ | 12.6.2021

7. Wenig Fett und fettreiche Lebensmittel – auf die Fettqualität achten

8. Sparsam bei Zucker und Salz

9. Schonend zubereiten

10. Achten Sie auf einen aktiven und gesunden Lebensstil

Zusätzlich unterscheidet die ÖGE sechs Personengruppen:
- Säuglingsalter
- Kinder und Jugendliche
- Schwangere
- Stillende
- Sport und Ernährung
- Ernährung im Alter

Was mir an der ÖGE, der DGE und der SGE gefällt: Sie stehen für wissenschaftlich fundierte Werte. Portionsgrößen und der Tagesbedarf an Kalorien, Ballaststoffen, Fetten, Eiweiß und Kohlenhydraten werden berechnet. Viele weitere Richtwerte, die auch für die Ernährung der TEM eine wertvolle Basis sind, werden empfohlen.

Nicht im Fokus dieser Ernährungsempfehlungen stehen Grundtemperament, Geschlecht, Genpool, erbliche Belastungen, klimatische Einflüsse, Einflüsse der Kindheit, Lebensumstände, aktuelle Lebensführung, Krankheiten, strukturelle Veränderungen sowie Zubereitungsarten, die an die aktuelle Verdauungsleistung angepasst sind. Doch dafür gibt es ja das alte Heilwissen … und den Hausverstand.

Die bildhafte Sichtweise der TEM

Die TEM betrachtet Verdauung und Ernährung nicht getrennt voneinander. Beide haben einen besonderen Stellenwert und sind unmittelbar miteinander verknüpft. Mit einer gut funktionierenden Verdauung sind körperliche und seelische Gesundheit sowie stabile Abwehrkräfte verbunden.

Die TEM bietet einen anderen Blickwinkel als die Schulmedizin und die Wissenschaft. Das alte Heilwissen bringt ganz neue Impulse. Die Gedanken und Einsichten, die vor allem durch Beobachtung und Philosophie gewonnen wurden, sind vielschichtig. Man darf sie bildlich verstehen. Man darf sie spüren und fühlen.

Eine gesunde Verdauung wird nur mit der passenden und konstitutionsgerechten Ernährung erreicht. Im Gegensatz zur westlichen wissenschaftlichen Ernährungslehre wird in der TEM der Mensch als Gesamtbild betrachtet – in seinem Lebensumfeld, mit seiner Ernährung, seiner Verdauung und der Psyche. Es gibt daher in der TEM keine allgemeingültige Ernährungslehre. Keine Ernährungspyramide. Kein Ernährungsdogma. Was nicht bedeutet, dass dies etwa ein Freibrief für Süßigkeiten, Salzgebäck, Frittiertes & Co. ist. Ganz im Gegenteil.

Der deutsche Heilpraktiker und TEM-Experte Arnold Mayer bringt die TEM-Diätetik auf den Punkt: »Was dem Schmied dienlich ist, bringt den Schneider um.« Dieser Satz soll veranschaulichen, dass an den Stoffwechsel eines Handwerkers, der bei großer Hitze mit schwerem Werkzeug an grobem Material arbeitet, andere Anforderungen gestellt werden als an jemanden, der mit geringem Muskelaufwand einer sitzenden Tätigkeit nachgeht.

Punkto Verdauung wird in der TEM von einem Assimilationsprozess gesprochen. Dies bedeutet nichts anderes als eine Stoffumwandlung: Körperfremde Stoffe – Lebensmittel – werden in körpereigene Substanz umgewandelt. Die bestmögliche Umwandlung erreichst du nur mit der passenden und temperamentegerechten Ernährung. Die Qualität des Stoffwechsels ist direkt abhängig von deiner Ernährungsweise und deiner Verdauungskraft.

Die Verdauung ist ein immerwährender Kampf zwischen den Lebenskräften – der Energie deines Essens und dir selbst. Letztendlich bedeutet es die Überwindung fremder Lebenskräfte – die deiner Nahrung.

Die Ernährung soll so sein, dass sie mit möglichst wenig Aufwand für den Körper die maximale Lebensenergie bringt.

Das Verdauungsfeuer bzw. die Verdauungskraft ist das Energiepotenzial für die Verdauungsleistung. Es muss immer in Relation zur fremden Lebenskraft stehen, die es zu überwinden gilt.

Die Einflussfaktoren auf die Verdauungskraft sind vielfältig: Temperament, Konstitution, genotypische Anlage, emotionale Grundstimmung, Jahres- und Tageszeit, Klima, aktuelles Wetter, aktuelle Gesundheitskraft, Lebensalter, Geschlecht, Lebensweise, Stoffwechselbedürfnisse, Ernährung und eben der Stärke der fremden Lebenskraft.

Unterstützung findet die Verdauungskraft in zwei kraftvollen »Helfern«, dem Herz- und dem Nervenfeuer.

- Das **Herzfeuer** ist die Wärme und Dynamik in dir. Über den Rhythmus und das Arteriensystem wird Sauerstoff über den Seelengeist an den Magen vermittelt.
- Die **Nervenkraft** ist Hauptträger des Seelengeistes. Das Nervenfeuer wird benötigt, um fremde Organisationskräfte zu überwinden. Denn jedes Lebensmittel, ja selbst die Leibspeise, ist für den Körper fremd. Das Fremde muss erst überwunden werden, um es zu körpereigener Substanz zu transformieren.

Je besser die Nahrung, umso weniger altern wir. Der Qualitätsanspruch an unser Essen ist aus diesem Gesichtspunkt besonders hoch zu bewerten.

Du siehst, im Unterschied zur rationalen wissenschaftlichen Betrachtung wird aus der traditionellen Sichtweise beim Begriff Verdauung nicht nur an die Ausscheidung gedacht. Nein, viel wichtiger ist es, dass man das, was man zu sich nimmt, bestmöglich aufnimmt. Machen wir also das Beste daraus!

Die Nahrung ist die Basis des Assimilationsstoffwechsels. Dieser bringt neue Zellen hervor, die verbrauchte Zellen ersetzen. Doch dieser Kreislauf bringt zwangsläufig auch Defizite mit sich, er fördert Erkrankungen und Alterung. Je höher die Qualität der Nahrung, umso besser durchläuft diese die Assimilation. Nach dem Motto:

Du bist, was du verdaut hast!

Die alte Medizin war schlau. Sie sprach im Zusammenhang mit Verdauung von »Kochungen«. Es ist ein wunderbares Bild – die Verdauung als Kochtopf. Stell dir vor, in dir brodelt und blubbert es, das Feuer ist gut genährt und kann die Suppe in deinem Magen gut aufbereiten, die Asche wird laufend weggekehrt und der herrlich würzige Inhalt des Kochtopfs nährt dein Blut, deine Organe, deine Zellen, deinen Geist.

Betrachte deine Verdauung als brodelnden Kochtopf, der mit deinen Mahlzeiten gefüllt wird.

So wurde es verstanden – und es ergibt auch heute noch einen Sinn. Wissenschaftliche Untersuchungen zeigen, dass wir – speziell bei Wurzelgemüse und festem grünem Blattwerk – besser an die Inhaltsstoffe herankommen, wenn es gekocht ist, als wenn wir es roh, ohne jegliche Zubereitungsform, verzehren. Die individuelle temperamentgerechte Aufbereitung der Lebensmittel macht den Unterschied aus.

Ernährung ist eng mit Emotionen gekoppelt, ob positiv oder negativ. Nimm deine Mahlzeiten sitzend in einem angenehmen Umfeld ein. Essen im Stehen oder Gehen symbolisiert dem Seelengeist, dass man auf der Hut ist, und wenn wir auf der »Flucht« sind, verdauen wir nicht richtig.

Lange bevor unsere Mahlzeit den Mund berührt hat, beginnt schon die Verdauung. Bereits der Küchengeruch sendet erste Signale. Ist dieser Geruch mit positiven Gefühlen verbunden – umso besser. Das macht das Selberkochen noch mal so wertvoll: Mit dem Kochprozess leitest du bereits in kleinen Schritten die Verdauung ein, denn Gehirn und Darm stehen in ständiger Kommunikation.

Mit der mechanischen Zerkleinerung der Nahrung im Mund – mit kräftigem Kauen – beginnt die Verdauung. Je besser die Speisen eingespeichelt werden, umso mehr wird dem Magen die Knetarbeit erleichtert. Einen weiteren Aspekt liefert uns die Wissenschaft: Jetzt wird bereits die Kohlenhydrate-Verdauung angekurbelt, denn das im Speichel enthaltene Verdauungsenzym Amylase ist am Tun. >>

Ja, wir dürfen uns weiterentwickeln – Traditionelles ist nichts Veraltetes!

Doch schauen wir uns die drei Stationen der Verdauung – die drei Kochungen – nach dem Verständnis der alten Medizin an.

Erste Kochung

Die Kochung ist für die Auflösung der Speisen verantwortlich. Die Denaturierung ist die erste von drei Kochungen. Sie findet im Verdauungstrakt – im Magen-Darm-Rohr – statt. Ihre Aufgabe ist die Auflösung der Speisen zur bestmöglichen Verwertbarkeit. Für eine effiziente Magenleistung ist die Anpassung der Nahrung an die Verdauungskraft erforderlich. Eine an die Jahreszeit, die Tagesverfassung und das eigene Temperament angepasste Ernährung erleichtert diese Arbeit. Küchentechnik – zerkleinern und erhitzen – unterstützt, ebenso gutes Kauen. Der Speisebrei wird im Magen durch den aggressiven, sauren Magensaft denaturiert, pathogene Keime werden zerstört.

Ein wichtiger Teil des Energiesystems des Magens ist der Zwölffingerdarm, früher auch kleiner Magen genannt. Dort münden die auflösenden Sekrete der Galle und des Bauchspeichels. Die Bauchspeicheldrüse (Pankreas) wird in der TEM als Anhangsgebilde der Milz betrachtet. Die Milz stellt für den Verdauungsvorgang das energetische Zentrum der auflösenden Funktionen und Kräfte dar.

Für eine optimale erste Kochung ist es von Vorteil, bereits gekochte, gut aufgeschlossene Nahrung zu sich zu nehmen. Je besser sie für den Körper aufbereitet ist, umso wertvoller ist sie.

Die Denaturierung im großen Magen hat – durch die Eiweißverdauung und Eisenverwertung – entscheidenden Einfluss auf die Vitalkraft und die darauffolgende zweite Kochung, die Blutbereitung.

Das Spurenelement Eisen kurbelt den Spiritus vitalis an und ist ein bedeutender Vermittler der vitalen Kräfte. Umso bedeutender ist eine intensive Überwindung des »fremden« Eisens im Magen. Dafür ist es notwendig, dem Magen eine saure, eine melancholische Geschmackskomponente zuzuführen. Saures steigert die auflösende Wirkung. Heute weiß man, dass Vitamin C, Zitronensäure, Milch- und Essigsäure – eben alle organischen Säuren – genau diese Wirkung haben.

Sauerkraut und Gemüsefermente sind da ideal!

Für eine gelungene erste Kochung benötigt der Darm eine gesunde Mikroflora. Die Zerlegung der Nährflüssigkeit in die einzelnen

Bausteine, die Resorption des Wassers und die Entgiftung benötigen Kraft und gute Energie. Die nährenden Kräfte sind nur dann dem Stoffwechsel zugänglich, wenn die Speisen in ihre Grundbausteine zerlegt werden können.

Ist die Verdauungskraft nicht stark genug, kann die Nahrung nicht aufgeschlossen werden und die Kräfte der Nahrung bleiben dem Organismus verschlossen. Deshalb bedient sich der Mensch seit Urzeiten auch küchentechnischer Mittel, um die Nahrung bestmöglich verwerten zu können. Auch wenn in wirtschaftlich schlechten Zeiten Energie teuer und Ressourcen knapp waren, investierte man Zeit und Geld, um genügend »Feuer« zu haben.

Zweite Kochung ... nun entsteht das Blut

Die wertvollen Bausteine aus der vom Darm aufbereiteten Nährsubstanz – Aminosäuren, Fettsäuren, Glukose, Vitamine, Mineralstoffe, sekundäre Pflanzenstoffe usw. – sind die Basis für die Blutbildung. Diese wird gemäß der TEM mit der zweiten Kochung in der Leber fortgesetzt.

Die Leber prägt und reift diese Nährflüssigkeit. Sie drückt ihr den Stempel deines Körpers, deines Geists auf. Die Leber, unser hitzigstes, cholerisches Organ, prägt den kalt-feuchten phlegmatischen Nährstrom und vermittelt ihm eine warm-feuchte sanguinische Qualität. Die Vitalisierung des rohen, nährstoffreichen Bluts in arterielles Blut erfolgt im Herz-Lungen-System. Die Leber stößt das Blut ab, das Herz zieht es an und gibt es an die Lunge weiter. Das daraus entstehende Blut wird zum vermittelnden Organ und überträgt die Vitalkraft aus den drei Nahrungskreisläufen: der flüssigen, festen und gasförmigen Nahrung.

Dritte Kochung ... nun bist du, was du verdaut hast

Körperfremdes wird nun endgültig zu Körpereigenem und in deinen Zellen gezielt aufgenommen. In diesem Prozess schreibt die TEM der Milz eine wichtige Rolle zu: die Ausscheidung. Die Milz zieht die auszuscheidenden Stoffe bildlich an und sortiert sie – über die Niere als Harn sowie durch den Darm. Ab nun macht sich so richtig bemerkbar, ob deine Nahrung für dich ausreichend war und deinem Temperament entsprochen hat. Nun ist es, im übertragenen

Sinn, so weit: Deine Nahrung wurde zu deinen Zellen. Deine Zellen bestehen nun aus deiner Nahrung.

Du bist jetzt, was du verdaut hast.

Zwei auflösende Geschmacksrichtungen: salzig und sauer

In der TEM-Küche für die vier Temperamente steht Selbstgekochtes ganz vorn. Der Grundstock sind wertvolle Lebensmittel, mit denen uns die Natur so reich beschenkt. Diese gilt es bestmöglich zuzubereiten, um das jeweilige Temperament so gut wie möglich zu versorgen, um den Alterungsprozess zu entschleunigen, um gesund, fit und vital zu bleiben. Die TEM orientiert sich nicht an Kalorien. Hauptaspekte sind vielmehr: Qualität der Nahrung, Nährstoffgehalt, Wirkung und Geschmack. Wesentlich sind auch die Verwertbarkeit und die Verdaulichkeit – der Nutzen, den wir aus unserer täglichen Nahrung ziehen.

Mit der Zuordnung zu den Elementen Luft, Feuer, Erde und Wasser können überschießende Reaktionen, sei es der Temperamente, Lebenszeiten und/oder Jahreszeiten, ausbalanciert werden.

Der Geschmack der Lebensmittel hat einen sehr hohen Stellenwert in der Vier-Temperamente-Küche. Ihm wird nicht bloß eine rein genussvolle, sondern vor allem auch eine qualitative Wirkung zugeschrieben. Wesentlich für den Geschmack ist auch der Geruch. Geruch und Geschmack – beide sind ausschlaggebend für die Verdauung.

Der Stoffwechsel richtet sich ganz nach dem ersten und zweiten Eindruck der Nahrung. Geruch und Geschmack wirken im Zusammenspiel mit der Verdauung und dem Gehirn. Zuerst wird der Geruch und dann der Geschmack wahrgenommen. Das Gehirn – als übergeordnete Instanz – steuert und passt über das Nervensystem situationsbedingt die Verdauungsleistung an. Wenn etwas schmecken soll, musst du es auch gern riechen wollen. Die TEM hat jede Menge Geschmack, es gibt acht Hauptgeschmacksrichtungen. Sie werden in hitzige, befeuchtende und kühlende Wirkungen unterteilt:

- Drei hitzige, warm-trockene Geschmacksrichtungen: bitter, scharf (aromatisch scharf) und salzig
- Drei befeuchtende Geschmacksrichtungen: süß, fettig und wässrig
- Zwei kühlende Geschmacksrichtungen: sauer und zusammenziehend

Zwei dieser acht Geschmacksrichtungen wollen wir uns im Zusammenhang mit fermentiertem Gemüse etwas genauer ansehen: salzig und sauer.

Salzig aktiviert und bringt das Phlegma in Schwung

Salz, ein kostbares Gut seit Urzeiten. Ob in China, bei den Kelten oder Römern. Es gab erbitterte Kriege darum. Der Besitz von Salz stand für Macht und Reichtum. Dort, wo Salz fehlte, drohte Hunger, gab es Krankheiten. Eigene Salzstraßen brachten den Schatz in viele Gegenden. Städte und Flüsse wurden danach benannt: Salzburg, Salzach. Auch das Wort Hall zeugt von Salzvorkommen: Hallstatt, Bad Reichenhall, Halle an der Saale, Hall in Tirol.

Doch warum war Salz so kostbar? Es ermöglicht die Haltbarmachung von Lebensmitteln! Salz zieht Feuchtigkeit aus den Stoffen. Es entzieht Bakterien und Keimen den Nährboden. Es trocknet und verhindert so den Fäulnisprozess.

Aber was hat das mit dem Geschmack zu tun? Nun, der salzige Geschmack hat einen ähnlichen Effekt. Durch die reizende und feuchteanziehende Wirkung mobilisiert er die Feuchtigkeit der Schleimhäute. Die Gewebe werden besser durchfeuchtet. Die Schleimhäute der Atemwege und der Verdauungsorgane werden angeregt, mehr zu produzieren und die bestehende Feuchte aufzulösen. Diese Bewegung erzeugt Wärme und dadurch werden wiederum besonders zähe Schleime bewegt.

Frei nach Paracelsus: Die Dosis macht das Gift.

Ähnlich dem scharfen Geschmack wirkt der salzige Geschmack befeuchtend. Er wirkt aber wesentlich subtiler und durchdringender. Salzig wirkt auf die besonders dickflüssige, zäh-schleimige Feuchtigkeit und reinigt die Gewebe, Muskeln, Gelenke und Knochen. Salzig aktiviert deren Stoffwechsel. Salz kann durch seine Wirkung sowohl Phlegma aktivieren und vermehren als auch Chole und Melanchole fördern.

Der salzige Geschmack kann, im Übermaß verwendet, trocknen, wie zum Beispiel bei der Lebensmittelkonservierung. Ein Zuviel an Salz, an salzigem Geschmack, trocknet uns förmlich aus: Falten entstehen, die Haut wird trocken, rau, rissig und juckt. Die Nerven sind gereizt.

Sauer macht lustig …

… Nun, da muss ich dich enttäuschen – auch wenn dein Anblick beim Biss in eine Zitrone recht lustig aussehen mag.

Was spürst du bei sauer? Kälte? Dann ist dein Gefühl sehr gut ausgeprägt. Saurer Geschmack produziert tatsächlich zuerst Kälte. Und dann kommt lustig – eigentlich stammt dieses Wort von »gelus(ch)tig« ab, das im Altertum für »Lust auf Essen« stand. Sauer macht Appetit und stärkt das Verdauungsfeuer. Warum? Sauer steigert die Magenleistung, die Gallensekretion, die Verdauung wird angekurbelt. Der saure Geschmack unterstützt die Überwindung des »fremden« Eisens in der Nahrung. Fremde Energie wird durch den sauren Geschmack überwunden.

Durch den sauren Geschmack können die Lebensgeister lustig und fidel ihre Hula-Hoop-Reifen schwingen.

Bei saurem Genuss ist der Mundraum gut befeuchtet und gekühlt. Der Speichelfluss wird angeregt. Bereit, um Schärfe zu mindern und Reize zu lindern. Um zu befeuchten, aufzulösen und Durst zu löschen. Deine Lebenskraft ist erhöht, wenn die Humores – die vier Körpersäfte – fließen. Der saure Geschmack sorgt eben dafür, dass diese Säfte leichter durch die Gewebe fließen können. Nerven, Arterien und Venen als den Hauptverbreitern der Spiritus erleichterst du damit die Arbeit.

Sauer regt das Gehirn, das Herz und die Leber an. Körper und Geist werden wach und aktiv. Sauer wirkt auch auf zähflüssiges Phlegma. Es zerschneidet, zerteilt und löst es auf. Es unterstützt dich bei übersäuerten Geweben.

Saurer Geschmack wirkt nicht übersäuernd, er wirkt basisch. Auch wenn der Biss ins Fruchtfleisch der Zitrone sauer schmeckt: Die Säure der Zitrone hat zwar ihre Wirkung, gelangt allerdings nicht als Säure in den Blutkreislauf. Die organisch gebundenen Mineralstoffe der Zitrone – Kalium, Kalzium und Magnesium – sind ausschlaggebend. Die verstoffwechselte Wirkung ist schließlich basisch. Gleiches gilt auch für alle fermentierten Gemüse. Sie wirken basisch.

Bei Kältegefühl, wenn es dich fröstelt, reduziere den sauren Geschmack in deiner Nahrung.

Eine Abstufung des sauren Geschmacks ist der essigsaure Geschmack. Du kannst ihn sowohl bei Essig selbst als auch bei milchsauer vergorenen Lebensmitteln, wie Sauerkraut, schmecken. Wegen seiner leicht scharfen, salzigen Komponenten wirkt er diffiziler als der rein saure Geschmack. Er wirkt weniger kalt, dafür durchdringender und schneller. Sauerkraut als Booster für die Verdauung! Ganz schön schlau, die alte Medizin mit ihrem Wissen um den sauren Geschmack.

Die vier Temperamente

Du kennst sie schon, die vier Temperamente: Sanguiniker, Choleriker, Melancholiker und Phlegmatiker.

Die Temperamente sind so wunderbar verschieden, und genauso unterschiedlich ist auch ihre Verdauung. Aus Sicht der Traditionellen Europäischen Medizin ist das nicht verwunderlich. So individuell wie die Charakterzüge, auf die sie oft aus Unwissenheit beschränkt werden, so unterschiedlich sind auch die Ernährungsbedürfnisse.

Die einen lieben es samtig weich, andere mögen es lieber gegrillt, geschmort oder knackig erfrischend. Jeder hat sie, die Lieblingsgerichte, die ein zufriedenes Lächeln ins Gesicht zaubern. Es sind jene Gerichte, bei denen alle Sorgen vergessen werden. Jeder hat seine ganz konkrete Vorstellung, wie es schmeckt, wenn es einfach guttut. Soul Food vom Feinsten – das ist die Vier-Temperamente-Küche.

Balance und Ausgeglichenheit sind für das Wohlgefühl essenziell. Wenn du Fermente bereits verkostet hast, dann weißt du, dass sie nicht für jeden gleich bekömmlich sind – die Verdauung ist individuell! Was den einen wohltuend erfrischt, lässt die andere vor Kälte erschauern. Daher liegt der Fokus ganz auf deinem Temperament, je nachdem, ob es nun eher sanguinisch, cholerisch, melancholisch oder phlegmatisch ist.

Du willst und sollst dich optimal versorgen. Aber wie? Jeder hat aufgrund seines Grundtemperaments und seiner Grundkonstitution spezielle Anforderungen und Bedürfnisse. Das angeborene Temperament gilt es bestmöglich zu pflegen, ja regelrecht zu verwöhnen.

Warum ist es so interessant, in Zusammenhang mit der Verdauung zu erfahren, welches Grundtemperament man hat? Nun, das Grundtemperament bestimmt den Stoffwechsel, den Gesundheitszustand und die Laune. Darum also gilt es, es mithilfe der Ernährung zu stützen und auszugleichen.

Betrachten wir die Temperamente einmal auch aus dem Blickwinkel ihrer kulturgeschichtlichen Entwicklung und wie sich dadurch die Verdauung verhält.

Das bekannte, mehr als zweitausend Jahre alte Zitat (siehe nebenan) von Hippokrates ist nach wie vor brandaktuell. Der griechische Arzt und »Vater der modernen Medizin« trat für eine bekömmliche Ernährung ein. In falscher Ernährung sah er den Grund für die Disharmonien der Körpersäfte und in der Folge für die Entstehung von Krankheiten. Es lohnt sich daher für jeden, die eigene Verdauung und das eigene Temperament genauer anzusehen.

Um dich temperamentgerecht mit Fermenten zu verwöhnen, sind Bowls (Gerichte, bei denen alle Zutaten in eine Schüssel kommen) wunderbar geeignet … gleich folgen vier Rezepte, die ausgewogen sind, um dich zu nähren, dein Temperament zu unterstreichen, dich nicht zu belasten, dir ein Wohlgefühl zu vermitteln. Fermente für die einzelnen Temperamente eben.

Betrachte die vier folgenden kurzen Temperamente-Beschreibungen nicht als dogmatisch. Behalte im Hinterkopf, dass dein Grundtemperament lediglich dominiert, aber niemals allein vorhanden ist. Du trägst alle Temperamente, alle Elemente, alle Säfte in dir. Auch die Tages-, Jahres- und Lebenszeit mit all ihren Qualitäten beeinflussen wesentlich deine Verdauung, dein Wohlgefühl, kurzum deine Lebenskraft.

»Lasst eure Lebensmittel Arznei und eure Arznei Lebensmittel sein.« (Hippokrates)

Bowls zeichnet aus, dass sie alle drei Hauptnährstoffkomponenten (Kohlenhydrate, Proteine und Fett) in Form von reichlich Gemüse, Beilagen wie Getreide und Kartoffeln sowie Eiweiß in tierischer und/oder pflanzlicher Form enthalten.

Sanguinisch frühlingshaft … bunt & belebend

Abgeleitet von der alten Medizin sind Sanguiniker »Blut-Typen«. Blut, das Sanguis, steht für Feuchte und Wärme – und so ist der Organismus des Sanguinikers gut bewegt, durchfeuchtet, erwärmt und genährt. Sanguiniker schweben gern über den Dingen und sind von Natur aus sehr lebhaft. Die aktiven und unbeschwerten Phasen der Natur, der Morgen, der Frühling, aber auch die Kindheit werden diesem Temperament zugeordnet. Vital und leistungsfähig, fröhlich und unternehmungslustig – das beschreibt ihr Wesen am besten.

Sanguiniker haben es aufgrund der evolutionären Betrachtung nicht nötig, sich Gedanken über ausreichende Nahrungsversorgung zu machen, stammen sie doch aus Sicht der TEM aus besonders fruchtbaren Gebieten mit uneingeschränkter pflanzlicher Versorgung ab. Sie kommen daher ganz gut mit rein pflanzlicher Kost zurecht.

Entgleisungen in der Ernährung sind selten, nur wenn übertrieben wird, zwickt und zwackt es. Als Genussmenschen neigen Sanguiniker dann und wann zu Übertreibungen, sei es beim Bungee-Jumping oder an einem ausladenden Buffet. Grundsätzlich gilt für sie: Qualität vor Quantität – nach dem Motto, es kommt sicher noch was Besseres …

Sanguinisch jugendlich

Wie der Frühling, bunt, grün und unbeschwert, so liebt es der Sanguiniker. Pflanzen sind die Basis seiner Ernährung: Gemüse, Getreide, Mandeln und Obst. Gekocht, aber auch gern mal als Rohkost. Hülsenfrüchte sorgen für das nötige Eiweiß, aber auch Milchprodukte und Eier (tierisches Eiweiß) sind fein. Fleisch kann, muss es aber nicht geben. Obst und Gemüse in den Farben des Regenbogens erinnern an paradiesische Zeiten. Hirse stärkt Nerven und Bindegewebe und sorgt neben Gewürzen wie frisch geriebenem Muskat oder frisch gemahlenem Pfeffer für die nötige Erdung. Die sanguinische Verdauung liebt knackige, kurz fermentierte Lebensmittel. Radieschen sind da eine gute Wahl.

VITALE FRÜHLINGSBOWL

für das sanguinische Temperament

Zutaten für 2 Portionen:
120 g Hirse, 300–400 ml Gemüsesuppe, 1–2 TL Tomatenmark, Salz, Pfeffer, 4 Cocktailtomaten, 300–400 g gemischtes frisches grünes Gemüse wie Spargel, Fenchel, Selleriestange, Gurke, Brokkoli, Lauch; 100–200 ml Mandeldrink, Kurkuma, 250 g gekochte Bohnen oder Kichererbsen; 2 EL gehackte Mandeln, frischer Thymian, Bohnenkraut, Wildkräuter, Blüten und fermentierte Radieschen (siehe Rezept)

Hirse gründlich abspülen und in Gemüsesuppe mit Tomatenmark, Salz, Pfeffer und klein gehackten Tomaten weich kochen. Bei Bedarf noch etwas Gemüsebrühe zugeben. Das frische Gemüse in mundgerechte Stücke schneiden und in Mandeldrink, gewürzt mit Kurkuma und Salz, bis zur gewünschten Bissfestigkeit dünsten. Gegen Ende der Garzeit die gekochten Bohnen untermischen. Das Gemüse mit der Hirse, gehackten Mandeln, frischen Kräutern und fermentierten Radieschen anrichten und genießen.

Cholerisch sommerlich … wohltuend & erfrischend

Choleriker mögen Hitze – sowohl im Klima als auch bei körperlicher Aktivität und in der Ernährung. Der direkte Bezug zum Element Feuer – warm und trocken – macht es deutlich. Dieses Temperament steht für Bewegung, Verbrauch und Dynamik. Ressourcen werden nahezu verschwenderisch verbraucht. Choleriker haben daher meist eine sehr gute Verdauungsleistung. Durch die fast zersetzende Kraft dieses Temperaments kommt es allerdings auch häufig zu Entzündungen. Erhitzende Kost, stark gewürzte Speisen, Fettes

Cholerisch zielstrebig

und Süßes kippen das Gefüge. Um dem entgegenzuwirken, gilt es, den Feuchtigkeitshaushalt aufrechtzuerhalten und auf Hautausdünstung, Schleimhäute, Nieren und Stuhlgang zu achten.

Ausreichend Wasser, über den Tag verteilt, kühlt, verdünnt und unterstützt die Ausscheidung. Ebenso suppig-saftige Gerichte wie Eintöpfe, Suppen, Porridge, auch Mandeldrink und Molke sowie säuerliche Getränke. Gerstensuppe, gedünstetes Wurzelgemüse und Kartoffeln darf es öfter mal geben. Wöchentlich heimischen Fisch und ein- bis zweimal im Monat Schweinefleisch, Lamm oder Kalb.

Zur pflanzlichen Eiweißversorgung gibt es Hülsenfrüchte und Nüsse. Die Leber wird mit Bitterstoffen unterstützt: Artischocken, Spargel, Zitrusfrüchte, Bittersalate, frische Küchen- und Wildkräuter.

ERF(R)ISCHENDE SOMMERBOWL

für das cholerische Temperament

Zutaten für 2 Portionen:
Fisch: 300 g Welsfilet, 1 Handvoll Bittersalate oder Wildkräuter, 1 Knoblauchzehe, 1 EL Öl, Salz, Pfeffer, Zitronensaft
Letscho & Couscous: 500 g Tomaten, 1 Zwiebel, 1 roter Paprika, Salz, Pfeffer, Kümmel, 1–2 EL Tomatenmark, 1 Prise Zucker, Zitronenschale und -saft, 100 g Couscous, 250 ml Gemüsebrühe, 2 eingelegte Artischocken
Gurken-Weintrauben-Salat: 1–2 Salzgurken, 1–2 Stangensellerie, 100 g Weintrauben, Salz, Pfeffer, 1 TL Senf, 1 EL Holunderblütensirup, 1–2 EL Hanföl, 1 EL Salzlake von den Gurken, 1 EL Hanfsamen, frische Minze, 2 EL Joghurt

Das Welsfilet trocken tupfen und in Streifen schneiden. Kräuter und Knoblauch fein hacken und mit den übrigen Zutaten zu einer Marinade vermischen. Die Fischstücke damit marinieren und in einer Auflaufform ca. 20 Minuten bei 180 °C im Backofen garen. In der Zwischenzeit Tomaten, Zwiebel und Paprika in Stücke schneiden und mit den Gewürzen leicht köcheln las-

sen. Gemüsebrühe aufkochen, über den Couscous gießen, quellen lassen. Einstweilen den Traubensalat zubereiten: Salzgurken und Stangensellerie in Scheiben schneiden, Weintrauben halbieren. Restliche Zutaten verrühren, alles vermischen und 5–10 Minuten ziehen lassen. Letscho und Couscous abschmecken. Den Salat mit Hanfsamen und Minze bestreuen und mit einem Klecks Joghurt, den Fischstreifen sowie Letscho, Artischocken und Couscous servieren.

Letscho ist herrlich erfrischend und nährt deine Säfte – eine perfekte Sommermahlzeit.

Melancholisch herbstlich … bekömmlich & erwärmend

Schwermütig und depressiv? Nein, nicht zwangsläufig! Auch wenn Melancholiker oftmals so beschrieben werden, wird ihr Wesen von Zuverlässigkeit und Gewissenhaftigkeit bestimmt. Sie sind einfühlsam, hilfsbereit und nehmen Rücksicht auf Schwächere. Kunst und Kultur sind die Dinge, an denen sie sich besonders erfreuen.

Der Herbst und das Element Erde werden dem melancholischen Temperament zugeschrieben – die bestimmenden Qualitäten sind kühl und trocken. Karstige Gebiete mit schlechter Versorgung sind ihre kulturgeschichtliche Heimat. Dies bringt es mit sich, dass sie selbst auch meist unterversorgt, hager und blass sind. Ihre Verdauung ist träge und oft problematisch, sie neigen durch den Hang zur Austrocknung an Verstopfung. Ihre Ernährung sollte besonders sorgsam gewählt werden, um den Verdauungstrakt zu entlasten, zu befeuchten, zu erwärmen und zu bewegen.

Melancholisch gewissenhaft

Die Bekömmlichkeit der Speisen wird großgeschrieben. Die tägliche Nahrung gilt es so aufzubereiten, dass sie vom Körper gut aufgenommen werden kann. Gekochtes ist für Melancholiker besonders wohltuend. Mit Suppen, Eintöpfen und Kompotten werden die Schleimhäute und Lymphe befeuchtet und der Magen entlastet. Melancholiker mögen Gemüse wie Lauch, Fenchel, Kartoffeln, Erbsen, Spargel, Zucchini, Endivie, Kopfsalat, Zwiebeln und Wurzelgemüse. Damit die darin enthaltenen Ballaststoffe nicht belasten, sind je nach Trockenheit Suppen, Pürees und Cremes am bekömmlichsten – ja, auch Salate kann man kochen. Ergänzt wird hin und wieder mit zartem, hellem Fleisch, gewürzt wird gern mit frischem Ingwer, Zimt, Safran, Salbei und Zitronenmelisse. Melancholiker erfreuen sich auch an Obst, saftig als Kompott oder Mus, frischen Feigen und Weintrauben.

Mit Fermenten hat das melancholische Temperament oft, vor allem zu Beginn, seine liebe Mühe. Einerseits aufgrund des sauren, kühlenden Geschmacks, andererseits im Hinblick auf die Verdauung. Für den Einstieg in die Welt der Fermente ist es ratsam, sich an gekochte Fermente heranzutasten und begleitend darauf zu achten, die Verdauung nach und nach mit bekömmlichen Mahlzeiten aufzubauen.

CREMIGE APFEL-LAUCH-BOWL

für das melancholische Temperament

Zutaten für 2 Portionen:

Gemüseferment: 100 g Kartoffeln, ca. 100 g fermentiertes Gemüse nach Wahl, 250 ml Gemüsebrühe, 200 g Erbsen, 1 EL kalte Butter, frisch geriebener Muskat

Lauchgemüse und Hühnernuggets: 1 Stange Lauch, 1 EL Butter, 1 Prise Vanillezucker, 1 Apfel, Salz, Pfeffer, 1–2 Safranfäden; 1–2 ausgelöste Hühnerkeulen, 100 ml Gemüsebrühe, 1 EL Honig, 2 EL Paprikapulver, Petersilie

Beginne mit dem Gemüseferment: Kartoffeln und fermentiertes Gemüse in der Gemüsesuppe ca. 15 Minuten weich kochen. Die Erbsen zugeben und weitere 10–15 Minuten kochen. Ganz zum Schluss ein kleines Stück kalte Butter zugeben und pürieren. Eventuell noch etwas Lake vom Gemüseferment daruntermischen und mit Muskat abschmecken.

Während das Gemüse kocht, den Lauch mit dem Grün in Streifen schneiden und bei mittlerer Hitze in Butter mit Vanillezucker in einem Topf zugedeckt schmoren lassen – das dauert ca.

15–20 Minuten, dabei immer wieder umrühren. Den Apfel nach Wunsch schälen und in mundgerechte Stücke schneiden. Die Safranfäden in 1 EL Wasser einweichen. Gegen Ende der Garzeit den Apfel und Safran zum Lauch geben und kurz mitdünsten.

Die ausgelösten Hühnerkeulen in Stücke schneiden und in einer Pfanne mit Gemüsebrühe und Honig dünsten. Mit Salz, Pfeffer und Paprika würzen. Wenn das Hühnerfleisch fertig gegart ist, Petersilie oder andere frische Kräuter hacken und untermischen. Das cremige Erbsenpüree mit dem Lauch und den Hühnernuggets anrichten und servieren.

Phlegmatisch winterlich … aktivierend & fördernd

Phlegmatiker sind aus Sicht der TEM die Gewinner der Eiszeit. Juhuuu! Sie sind angepasst an eine Epoche, in der es nur fallweise zu essen gab, dann aber reichlich. Durch die lange Periode des Fastens – Mammut gab es nicht so häufig – entwickelten sich ein oft gieriges Verhalten und die Fähigkeit, große Speicher anzulegen.

Das phlegmatische Temperament steht für Feuchte und Kälte sowie für das nährende Prinzip, und um es gut zu nutzen, muss es mit einer entsprechenden Ernährung und Lebensweise bewegt werden. Das heutige Nahrungsangebot überfordert Phlegmatiker meist. Um die »gewohnten« kulturgeschichtlichen Essenspausen einzuhalten, ist es unumgänglich, Fastenzeiten, eine Struktur und ein gewisses Maß an Disziplin in den Alltag zu integrieren – zwei bis maximal drei tägliche Mahlzeiten sind optimal.

Für Phlegmatiker gilt es, das Verdauungsfeuer zu bewahren. Eine wärmende, aktivierende Kost steht im Mittelpunkt. Eintöpfe, Suppen, geschmortes, süß gebratenes Fleisch – mit diesen Arten der Zubereitung ist man gut beraten. Gemüse wie Knollensellerie, Zwiebeln, Lauch, Knoblauch und Rettich, aber auch bitteres Gemüse und Bittersalate wie Artischocken, Endivie, Chicorée sowie Hülsenfrüchte, Beeren und Kräuter sind die Hauptkomponenten. Fleisch wie Wild, Huhn, Schaf und Rind sollten mengenmäßig eher als Beilagen gegessen werden – und keinesfalls täglich. Bedenke, Mammut gab es nicht jeden Tag!

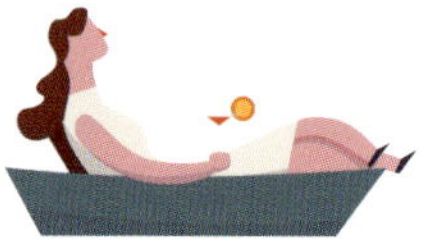

Phlegmatisch beständig

WILDE WURZEL-BOWL

für das phlegmatische Temperament

Zutaten für 2 Portionen:
250 g Hirschgulaschfleisch, 1–2 EL Tomatenmark, 1 EL Öl, 1 Zwiebel, 1 Knoblauchzehe, 500 ml Gemüsesuppe, 1 EL Rosinen, 1 Zweig Rosmarin, 1 Lorbeerblatt, Salz, Pfeffer, 2 TL Paprikapulver edelsüß, Zitronenabrieb; 400 g gemischtes Wurzelgemüse (Sellerie, Karotten, gelbe Rüben etc.), 2 festkochende Kartoffeln, 100 g Schwammerl (Champignons, Eierschwammerl, Kräuterseitlinge etc.), 1 Msp. Schabzigerklee, 100 g fermentierte Gewürzzwiebeln, frische Kräuter

Das Fleisch in mundgerechte Stücke schneiden und mit Tomatenmark in wenig Öl in einem Topf anbraten. Zwiebel und Knoblauch fein würfeln, zugeben und mit Gemüsesuppe aufgießen. Rosinen, Rosmarin, Lorbeerblatt, Salz, Pfeffer, Paprika und Zitronenabrieb dazugeben und ca. 20 Minuten köcheln lassen.

In der Zwischenzeit das Wurzelgemüse in Scheiben oder Streifen schneiden und die Kartoffeln schälen. Dann das Gemüse und die ganzen Kartoffeln zum Fleisch geben und weitere 30–40 Minuten leicht köcheln lassen, bis das Fleisch weich ist. Die Kartoffeln herausfischen, in Stücke schneiden und in einer Pfanne in etwas Fett mit den halbierten Pilzen braten – mit Schabzigerklee, Salz und Pfeffer würzen. Die fermentierten Gewürzzwiebeln zum Fleisch geben und abschmecken. Das Hirschgulasch mit den Kartoffeln, Pilzen und frischen Kräutern garniert servieren.

Das Mikrobiom und unsere mikrobielle Aura

Es ist in uns. Es ist um uns. Jeder hat sein eigenes. Man kann es riechen, man kann es manchmal auch sehen. Es hat eine unglaubliche Lebenskraft – und dafür braucht es Vielfalt.

Das Mikrobiom ist gewaltig und faszinierend. Doch was ist es? Es bezeichnet im weitesten Sinn die Gesamtheit aller den Menschen besiedelnden Mikroorganismen. Und das sind enorm viele. Diese mikrobielle Bevölkerung endet nicht an den Grenzen des Körpers.

Es befindet sich nicht bloß im Magen-Darm-Bereich. Diese Vermutung liegt zwar nahe, da der Großteil der Bakterien dort angesiedelt ist. Aber auch auf unserer Haut und in allen Körperöffnungen, den Schleimhäuten, Mund- und Nasenhöhle sowie im Genitalbereich finden sich Mikroorganismen. Auch jene unseres Wohn- und Arbeitsumfelds werden miteinbezogen.

Gleichsam wie eine Aura umgibt uns eine regelrechte Wolke an unzähligen Organismen. Diese »Wolke« hat eine ganz persönliche Zusammensetzung. Die Kombination der Mikroorganismen kann gezielt einer bestimmten Person zugeordnet werden. Sie entspricht dem einzigartigen Fingerabdruck und kann sogar forensisch bestimmt werden.

- Das Mikrobiom hat ein unglaubliches Gewicht von zwei bis drei Kilogramm.
- Das Mikrobiom umfasst mehr als 36.000 verschiedene Mikroorganismen.
- Es besteht aus bis zu 100 Billionen Mikroben.
- Der einzigartige Geruch jedes Menschen entsteht durch sein Mikrobiom.
- Das Mikrobiom wird mittlerweile als eigenes Organ angesehen.

Jeder hat sie – seine eigene mikrobielle Aura.

Die Anzahl der Mikroorganismen des Mikrobioms steht zu den menschlichen Körperzellen im Verhältnis 10:1. Das Unglaubliche daran ist, dass das Mikrobiom somit weit mehr Einfluss auf uns hat, als wir uns vorstellen können. Die Mikroorganismen kann man mit freiem Auge nicht sehen. Nun, manchmal kann man sie riechen. -;)

Die Besiedlung mit Mikroorganismen ist mit einer Mutter-Kind-Beziehung vergleichbar. Einer wechselseitigen Bindung, die sich zwischen dem Wirt und seiner Mikroflora entwickelt. Eine Langzeitanpassung, die tief in unserer evolutionären Geschichte beginnt.

Es ist so alt – und dennoch wird das Mikrobiom als solches erst seit 2007 intensiv wissenschaftlich erforscht. In unserer modernen Welt muss das Bewusstsein, welchen Einfluss das Mikrobiom im Allgemeinen und das Mikrobiom des Darms im Speziellen auf unsere Gesundheit hat, erst noch wachsen.

Ähnlich wie in der TEM wird auch in anderen traditionellen Kulturen dem Bauchraum eine besondere Rolle in Bezug auf die Lebenskraft zugeschrieben. In Asien zum Beispiel gilt der Bauch als Sitz der Seele und der Gesundheit. Die Japaner nennen ihn Onaka – geehrte Mitte – oder Hara – Zentrum der körperlichen und geistigen Kraft.

Wie entsteht unsere Vielfalt?

Jeder hat sein relativ stabiles, individuelles Mikrobiom und seinen ganz speziellen Zeitpunkt, an dem die Bakterien bei ihm eingezogen sind – die Geburt! Die Art der Geburt beeinflusst unsere Grundausstattung an Darmbakterien. Unser Mikrobiom ist von unserer Mutter abhängig. In meinem Buch »Temperamentvoll essen« habe ich die »erste TEM-Therapeutin in deinem Leben« beschrieben: es ist deine Mutter, und das wird auch hier in der Bestimmung und Entstehung deines Mikrobioms deutlich. Optimal ist der Kontakt mit dem mütterlichen vaginalen Darmmikrobiom direkt bei der Geburt. Während des Geburtsvorgangs siedeln sich die ersten Bakterien im Darm des Kindes an. Bei Kaiserschnittgeburten wird das Neugeborene mittlerweile unmittelbar nach der Geburt mit der mütterlichen Darmflora »geimpft«, um zu vermeiden, dass das Mikrobiom des Kindes zu stark vom Pflegepersonal, dem Ärzteteam oder der Krankenhausumgebung beeinflusst wird.

Um das Mikrobiom bestmöglich zu versorgen, ist speziell die Ernährung in den ersten drei Lebensjahren bestimmend. Je artenreicher sich die Darmbakterien entwickeln und entfalten können, umso wirkungsvoller sind sie schlussendlich und umso kräftiger ist unser Immunsystem.

Eine intakte Darmschleimhaut mit einer aktiven Besiedlung von gut genährten Darmbakterien ist ein guter Schutzschild gegenüber Krankheitserregern.

Mikrobiome verändern sich mit dem Lebensraum und den Ernährungsgewohnheiten des Menschen, das zeigen Studien ganz deutlich. Wir haben es also selbst in der Hand. Tag für Tag und Bissen für Bissen. Die passende Ernährung sorgt für ein gesundes Mikrobiom. In Schieflage kommt es, wenn häufig Fast Food, Convenience-Food oder zu einseitig gegessen wird. Die industrielle Lebensmittelkonservierung ist gerade jetzt, in Zeiten des Nahrungsmittelüberflusses, ein großes Thema: Fertigprodukte sind zu einem fixen Bestandteil unserer täglichen Ernährung geworden.

Trotz des Reichtums an Lebensmitteln – Essen kann man heute buchstäblich an jeder Hausecke kaufen – leiden viele Menschen an diversen Mangelerscheinungen. Warum? Es ist ganz einfach zu erklären, ja es erscheint geradezu banal: Es wird zu wenig frisch gekocht und zu wenig Gemüse gegessen – dadurch kommt es zum Vital- und Ballaststoffmangel! Die gesunden Darmbakterien verarmen und die »schlechten« vermehren sich. Stress, Medikamente, Zigaretten und Alkohol unterstützen diese Abwärtsspirale. Die Darmwand trocknet buchstäblich aus, was wiederum zu Entzündungen führt. So sind schädlichen Pilzen und Viren Tür und Tor geöffnet, um in unseren Blutkreislauf zu gelangen.

Der Begriff Convenience-Food stammt aus dem Englischen und bedeutet »bequemes Essen«. Es handelt sich um vorgefertigte Lebensmittel, die meist industriell haltbar gemacht wurden, um die weitere Zubereitung zu erleichtern.

Warum Ballaststoffe keine Last sind

Urvölker kommen auf 100 g Ballaststoffe pro Tag. Im Vergleich dazu hört sich die ernährungswissenschaftliche Empfehlung, 30 g Ballaststoffe täglich zu essen, wenig an. Tatsächlich kommen bei unserer westlichen, teils verarmten Ernährungsweise viele Menschen nicht einmal auf einen Bruchteil davon. Dennoch darf man diesen Wert nicht verallgemeinern und soll dabei durchaus auch auf die eigene Konstitution achten.

Mit dem Hintergrundwissen, dass Ballaststoffe die Artenvielfalt im Darm erhöhen und die »guten« Bakterien – vorwiegend Laktobazillen und Bifidobakterien – ernähren, lohnt es sich, den vorerst banalen Tipp des vorigen Abschnitts, mehr Gemüse und pflanzliche Lebensmittel zu essen, nochmals genauer anzuschauen.

Ballaststoffe sind von Natur aus Teil der Zellstruktur einer jeden Pflanze. Ihr Name rührt daher, dass man seitens der Wissenschaft früher dachte, dass diese Stoffe eben nur Ballast seien, da sie keine bzw. kaum Energie liefern und unverdaulich scheinen. Längst weiß auch die Wissenschaft um den nachhaltigen Effekt dieser wertvollen Substanzen.

Die Abbauprodukte, die bei der Zerlegung von wasserlöslichen Ballaststoffen entstehen, nennen Forscher Metaboliten. Diese basieren auf einer mikrobiellen Fermentation im Darm. Kurzkettige Fettsäuren mit entzündungshemmender Wirkung sind solche Metaboliten. Sie verbinden sich mit dem Darmmikrobiom und sind Nahrung für das Immunsystem. Fehlen diese Metaboliten, entzündet sich der Darm und das Immunsystem wird unsicher und schwach. Wird viel Fleisch und wenig Gemüse gegessen, entstehen sehr wenige dieser kurzkettigen Fettsäuren – Entzündungen und »Fäulnis«, wie es die alte Medizin beschrieben hat, entstehen.

Wasserunlösliche Ballaststoffe wiederum dienen zur Reinigung des Darms, sie saugen sich mit Wasser voll und sorgen so für den Abtransport von »Giften, Schlacken« und schwer Verdaulichem. Um die Ballaststoffe generell in ihrer vollen Kraft wirken zu lassen, ist also ausreichend Flüssigkeit notwendig. Denk dabei vorrangig an Wasser – sowohl als Getränk, aber auch um Suppen und Eintöpfe mit den wertvollen pflanzlichen Komponenten zuzubereiten.

Nun meine Frage an dich: Auf wie viele Gramm Ballaststoffe am Tag kommst du? Schreib doch mal mit, was du alles isst. Tabellen mit den Ballaststoffanteilen findest du zur Genüge im World Wide Web.

Hier als Anregung eine kleine Auswahl an großartigen Ballaststofflieferanten: Gerste, Äpfel, Haferflocken, Karotten, Leinsamen, Hülsenfrüchte, abgekühlte Kartoffeln, Knoblauch, Schwarzwurzeln, Kraut, Spargel, Topinambur und viele mehr – und klarerweise fermentiertes Gemüse.

Als weiteren Impuls habe ich hier drei Rezepte – für das Frühstück, Mittag- und Abendessen – zusammengestellt, mit denen du auf knapp 50 g Ballaststoffe pro Tag kommst.

HIRSE-APFEL-PORRIDGE

zum Frühstück

Zutaten für 1 Portion:
160 ml Mandeldrink, 40 g Hirse, 1 Apfel, 1 EL Rosinen, 1 TL geschroteter Leinsamen, 1 TL gemahlener Mohn, 1 Prise Salz, 1 Msp. Ingwer, 1 Msp. Zimt/Nelkenpulver, etwas Zitronensaft und -schale, ½ TL Butter, 2–3 EL gehackte Mandeln oder Hanfsamen, 1 TL Hanf- oder Leinöl, 1 EL Joghurt, frische Beeren

Mandeldrink erhitzen, die Hirse gründlich waschen, beigeben und einmal aufkochen lassen. Die Temperatur zurückschalten. Entscheide während des Kochens, ob du noch etwas Mandeldrink bzw. Wasser zugeben möchtest.

Den Apfel raspeln und Rosinen sowie Leinsamen und Mohn zugeben und auf geringer Flamme gar ziehen lassen. Wenn die Hirse weich ist, mit Salz, Ingwer, Zimt, Nelke, Zitronensaft und -schale sowie Butter verfeinern. Mit gehackten Mandeln oder Hanfsamen bestreuen und mit Lein- oder Hanföl beträufeln. Mit einem Klecks Joghurt und Beeren garnieren und genießen.

Ca. 10 g Ballaststoffe je Portion.

BOHNENEINTOPF MIT KRÄUTERSEITLINGEN UND FERMENT

als Mittagessen

Zutaten für 3 Portionen:
100–150 g Karotten, 1 große Zwiebel, 3–4 Knoblauchzehen, 2 bis 3 EL Olivenöl, 800 g Fleischtomaten, 600 g Kartoffeln, 200 ml Gemüsesuppe, 1 TL Salz, 2 Salbeiblätter, 1 Zweiglein Rosmarin, 250 g Kräuterseitlinge, 1 Msp. Schabzigerklee, 400 g gekochte weiße Bohnen, frisch gemahlener Pfeffer, 1 Bund frische Petersilie, 1 bis 2 Spritzer Weinessig oder fermentierte Lake, 100 g fermentiertes Gemüse

Karotten, Zwiebel und Knoblauch in Streifen bzw. Scheiben schneiden und bei mittlerer Hitze in einem großen Topf mit Öl andünsten. Tomaten und Kartoffeln in Stücke schneiden und zum gedünsteten Gemüse geben. Gemüsesuppe, Salz, fein geschnittene Salbeiblätter und gehackte Rosmarinnadeln zugeben und so lange kochen, bis das Gemüse weich ist. In der Zwischenzeit die Pilze in Scheiben schneiden und mit etwas Schabzigerklee in Öl braten. Die Bohnen zum Gemüseeintopf geben und weitere fünf bis zehn Minuten bei geringer Temperatur erhitzen. Pfeffer und frisch gehackte Petersilie unterheben und mit Weinessig oder fermentierter Lake abschmecken. Bohneneintopf mit den Pilzen und einem Gemüseferment deiner Wahl servieren. Tipp: Kimchi passt genial dazu!

Mit einem Apfelkompott als Nachspeise erhöhst du nochmals den Ballaststoffanteil.

Ca. 30 g Ballaststoffe je Portion.

CREMIGE SELLERIESUPPE MIT WÜRZIGEN HASELNÜSSEN

als Abendessen

Zutaten für 2 Portionen:
1 Scheibe frischer Ingwer, 1 kleine Zwiebel, 1 Knoblauchzehe, 1 Prise Chili, 1 EL Öl, 100–150 g Knollensellerie, 200 ml Mandeldrink, 200 ml Gemüsesuppe, 4 EL Haselnüsse, 1 TL Butter, Gewürzmischung (je eine 1 Msp. Vanille und Zimt und je ½ TL Kurkuma, Salz und Honig), 1 Handvoll frische Kräuter, Salz, Pfeffer, Zitronensaft

Ingwer, Zwiebel und Knoblauch in Würfel schneiden und mit Chili und Öl anschwitzen. Sellerie in Stücke schneiden und dazugeben. Mit Mandeldrink und Gemüsesuppe aufgießen und weich kochen. Währenddessen die Haselnüsse grob hacken, in etwas Butter rösten und mit der Gewürzmischung vermischen. Kräuter zur Suppe geben, pürieren und mit Salz, Pfeffer und etwas Zitronensaft abschmecken. In tiefen Tellern anrichten und mit den würzigen Haselnüssen als Einlage servieren.

Ca. 6 g Ballaststoffe je Portion.

Tausendsassa Darmmikrobiom

Die Bakterien im Darm erfüllen eine Vielzahl an Aufgaben.[2] Da die Forschung dazu noch recht jung ist, werden weitere entdeckt werden, vermute ich mal. Eine wichtige Aufgabe der Darmbakterien ist es, über Botenstoffe mit dem Nervensystem zu kommunizieren. Sie sind an der Bildung von Hormonen, die Hunger und Glück steuern, beteiligt, und sie beeinflussen unsere Emotionen. Sie versorgen die Darmzellen mit Energie und sorgen auch für deren Regeneration. Schließlich unterstützen sie die Verdauung unserer Nahrung. Nicht zuletzt wehren sie Krankheitskeime ab und trainieren die Abwehrzellen … und sie sind durchs Mikroskop betrachtet auch richtig schön bunt.

Das Mikrobiom wird stark erforscht. Unter dem Dach der »Initiative Gehirnforschung Steiermark« (INGE St.) wurde eine Forschungseinheit für »Translationale Neurogastroenterologie« unter Univ.-Prof. Peter Holzer gebildet. Die wechselseitige Kommunikation zwischen Magen-Darm-Trakt und Gehirn wurde unter die Lupe genommen. Diese Forschung zeigt, dass psychische Störungen durch Einflüsse des Magen-Darm-Trakts mit bedingt sein können. Signale aus dem Verdauungstrakt haben Auswirkungen auf die Stimmungslage, Emotionen, kognitive Prozesse und den Appetit. Sie

2) Vgl. Axt-Gadermann, M. (2016): Schlau mit Darm. Südwest-Verlag.

können Übelkeit und Schmerz hervorrufen und auch die Stressanfälligkeit beeinflussen.

Der Magen-Darm-Trakt kommuniziert mit dem Gehirn über vier verschiedene Informationskanäle:

- Signale des Darmmikrobioms
- Darmhormone
- Immun-Botenstoffe (Cytokine)
- Sensorische Neurone

Eine krankhaft veränderte Kommunikation in der Darm-Gehirn-Achse kann somit für psychische Störungen verantwortlich sein. Sie ist aber besonders bei funktionellen Magen- und Darmerkrankungen (Funktionelle Dyspepsie, Reizdarmsyndrom) offensichtlich. Die Erforschung der Darm-Gehirn-Achse hat wechselseitige Faktoren gefunden: die Zusammensetzung des Darm-Mikrobioms wirkt auf das Gehirn und umgekehrt.[3)]

- Autoimmunerkrankungen und Übergewicht gehen mit einem wenig vielfältigen Mikrobiom einher – was wiederum Übergewicht begünstigt.
- Mikroben sind schlau. Ihr Ziel ist das gemeinsame Überleben mit ihrem Wirt. Das geht so weit, dass sie das Immunsystem ihres Wirts beeinflussen, um die Widerstandskraft gegen Infektionen zu stärken.[4)]
- Das Risiko einer Depression erhöht sich bei einer geschwächten Darmflora.
- Ein gestörtes Darmmikrobiom äußert sich auch durch Schmerzen, Übelkeit, Gereiztheit und einen erniedrigten Stresslevel.
- Durch eine erhöhte Stressanfälligkeit entsteht ein Teufelskreis: Wird der Stress chronisch, kann das zum sogenannten Leaky-Gut-Syndrom (löchriger Darm) führen – und dies mindert wiederum die Qualität des Mikrobioms.
- Diverse Medikamente, allen voran Antibiotika und sogenannte Magenschoner, beeinflussen die Artenvielfalt der Darmflora.[5)]
- Das umstrittene Pflanzenvernichtungsmittel Glyphosat steht im Verdacht, auch die menschliche Darmflora negativ zu beeinflussen.

3) https://www.gehirnforschung.at/project/die-darm-gehirn-achse

4) https://www.welt.de/print-welt/article425860/Die-nuetzliche-Mikrobe.html

5) https://www.spektrum.de/news/dein-darm-ist-was-du-isst/1408962

- Der Einfluss der Darmbakterien auf die Hirnchemie ist für die Forschung ein Rätsel. Vermutlich ist der Vagusnerv, der das Gehirn mit dem Darm verbindet, beteiligt, und die Darmbakterien produzieren Stoffe, die über das Blut ins Gehirn gelangen. Die Bedeutung der Mikroben ist auch im Hinblick auf mögliche Therapien relevant. Verstärkt in den Fokus rücken dabei Prä- und Probiotika. Der Mikrobiologe Michael Fischbach von der University of California in San Francisco erklärt: »Die Pharmaindustrie hat in der Vergangenheit nur über Medikamente nachgedacht, die Bakterien töten. Ich vermute, dass in den kommenden Jahren ein Umdenken stattfinden wird.«[6]
- Präbiotika, unverdaubare Pflanzenfasern, wie sie auch in Ballaststoffen enthalten sind, sind Futter für unsere Darmbakterien. Je mehr wir zur Verfügung stellen, umso genussvoller ist es für das Mikrobiom.
- Probiotika, wie sie ebenfalls in Ballaststoffen, aber auch in fermentiertem Gemüse und Joghurt zu finden sind, erhöhen die Menge und Vielfalt der »guten« Darmbakterien. Verdeutlicht wird das in der »Leitlinie Reizdarmsyndrom« der AWMF (Arbeitsgemeinschaft der Wissenschaftlichen Medizinischen Fachgesellschaften).[7] Als Therapiemethode werden Probiotika und lösliche Ballaststoffe empfohlen, die unter Beobachtung individuell gegeben werden. Abgesehen davon haben auch Veränderungen der Lebensweise – Bewegung und Entspannung – und eine an die Konstitution angepasste Ernährung einen positiven Effekt, das Reizdarmsyndrom zu lindern.

Gute alte Freunde

Warum die menschliche Darmflora »verarmt«, ist die Frage einiger weiterer Studien. Eine Hypothese lautet, dass sich der Darm aufgrund der einseitigen Ernährungsweise vor allem auf die Fleischverdauung hin optimieren musste und die Verarmung durch eine einheitliche, moderne Ernährung weiter gefördert wird.

6) https://www.spektrum.de/news/was-darmbakterien-mit-depressionen-zu-tun-haben
7) https://www.awmf.org/uploads/tx_szleitlinien/021-016l_S3_Definition-Pathophysiologie-Diagnostik-Therapie-Reizdarmsyndroms_2021-07.pdf

Eine andere Erklärung ist die moderne hygienische Lebensweise: Durch den Mangel an Schmutz, Fäkalien und Würmern in unserer Umgebung fehlt der Kontakt zu Keimen, denen die Menschheit jahrtausendelang ausgesetzt war. Diese Organismen stimulierten die Darmflora und trainierten das Immunsystem, besagt die sogenannte Hygiene-Hypothese, die erst jüngst in Alte-Freunde-Hypothese umbenannt wurde.

»Alte Freunde« – gesundheitsfördernde Bakterien – nutzen dem Immunsystem. Tatsächlich unterscheidet sich die Darmflora von Menschen mit westlichem industriellen Lebensstil und Menschen ländlicher Herkunft bzw. solchen, die ein vergleichsweise ursprüngliches Leben führen.

Auch ökologische Veränderungen haben negative Auswirkungen auf das menschliche Mikrobiom:[8)]

- Wasser: Oft wird dem Leitungswasser aus hygienischen Gründen Chlor zugefügt – das beeinflusst die Darmflora ungünstig.
- Kleine Familien, Singlehaushalte: Größere Familien bringen eine Häufung an unterschiedlichen Mikroben mit sich.
- Kaiserschnittgeburten: Die direkte Übertragung des mütterlichen Mikrobioms auf den Säugling fehlt.
- Säuglingsnahrung: Die Unterstützung der Muttermilch für das Immunsystem fehlt.
- Amalgamfüllungen in der Zahnmedizin.
- Antibiotika: Wie der Wortursprung (»gegen das Leben«) bezeichnet, zerstören Antibiotika die Darmflora.
- Desinfektionsmittel: Durch den gehäuften Einsatz auch im Haushalt werden nützliche Bakterienkulturen vernichtet.
- Ernährung: Durch den vermehrten Konsum industriell produzierter Nahrungsmittel verändern sich der Ernährungs- und Lebensstil. Es werden weniger Präbiotika und Probiotika gegessen, wodurch den Darmbakterien die entsprechende Nahrung fehlt.

8) https://www.adka.de/index.php?eID=dumpFile&t=f&f=2464&token=b733414f9237 1a0c89c69e72ff2ab25629b5b7b5

Vorsorge und Aufbewahrung als ewige Tradition

Vom ursprünglichen Zweck des Ernährens zu einem gewaltigen Wirtschaftsprojekt – Konservierung von einst bis heute. Eine Tradition, die sich enorm gewandelt hat.

Es stellte sich immer schon die Frage: Wie können die Früchte des Sommers und des Herbsts auch noch im Winter genossen werden?

Vorsorge und Aufbewahrung sind zwei elementare Beweggründe für das Konservieren. Essen ist ein unabdingbarer Bestandteil unseres Lebens – die Beschaffung und Zufuhr von Nahrung sind wichtige und ganz pragmatische Grundlagen unserer Existenz. Man hat gejagt, gesammelt und gearbeitet, um sich zu ernähren. Nicht immer war es so einfach wie heute. Durch den Rhythmus der Jahreszeiten war das Angebot unterschiedlich reichhaltig. So galt es für unsere Ahnen, den Winter zu überstehen und einigermaßen gut genährt in den Frühling zu kommen. Im Sommer und Herbst – den üppigen Jahreszeiten – hieß es wiederum, gut für die kalte, karge Saison vorzusorgen.

Es war essenziell, Nahrungsmittel aufzubewahren und Vorräte anzulegen. Fermentieren, rösten, räuchern, salzen sowie einlegen in Öl und Honig gehörten zu den ersten gängigen Verfahren, um Lebensmittel über einen längeren Zeitraum verfügbar zu haben. Es ging darum, das Verderben zu stoppen – die Mikroorganismen, die für das Vergammeln von Lebensmitteln verantwortlich sind, in Schach zu halten.

Starten wir gemeinsam mit einem geschichtlichen Rückblick. Beginnend bei der Steinzeit über die griechische Antike, das Mittelalter und die Industrialisierung bis zur Gegenwart. Welche Methoden der Haltbarmachung hat es über Jahrtausende von Jahren gegeben?[9)]

War es früher notwendig, Lebensmittel haltbar zu machen, um auch die weniger fruchtbaren Jahreszeiten zu überleben, so wurde

9) http://www.stäudel.de/schriften_LS/Soznat-Archiv/SoznatH33-Seabert-Konservierung.pdf

im 20. Jahrhundert im Zuge der Globalisierung und Industrialisierung der Nahrungsmittelerzeugung im großen Stil begonnen, Lebensmittel zu konservieren. Nahrung ist heute dadurch immer und überall verfügbar – im Gegensatz zu längst vergangenen Zeiten. Eine der ältesten Konservierungsmethoden ist die Fermentation – und nun schließt sich der Kreis – hier allerdings modern und praktikabel.

Um sich zu nähren …

… in der Steinzeit (ca. 2.500.000 bis 2200 v. Chr.)

Jagen und sammeln

Die Nahrungsquelle der Steinzeitmenschen war, was sich im natürlichen Umfeld jagen und sammeln ließ: Pflanzen, Früchte, Samen, Wurzeln, Pilze und Honig. Eier, Fleisch, Fisch und Weichtiere. Die Nahrung war ursprünglich und wild. Es gab keine Zuchtformen von Obst, Gemüse und Getreide.

Milch und Milchprodukte waren vor der Domestizierung von Weidetieren selten bis gar nicht verfügbar, dennoch bezeugen Funde und Hinweise aus den verschiedensten Regionen der Erde, dass seit rund 10.000 Jahren Käse hergestellt wird. Die spezifischen Eigenschaften von Milch, Honig und Pflanzensäften – hier sei das Labkraut erwähnt – wurden zum Fermentieren genutzt. So ist die Milchsäuregärung wohl eine der ältesten Methoden der Lebensmittelkonservierung.

Bei der Fermentation entstand immer auch Alkohol – als ein kompliziertes Netzwerk aus der Wechselbeziehung zwischen Hefen und Pflanzen. Diese sind seit Beginn der Menschheitsgeschichte fixer Bestandteil der Nahrungsversorgung.

Nicht immer wurde nur unter Luftausschluss fermentiert und oft waren der Kohlenhydrat- sowie der Fruchtzuckeranteil zu hoch. Ganz bewusst dürften die Jäger und Sammler zur richtigen Jahreszeit Körner, Früchte und Wurzelknollen gesammelt haben, um sie zu alkoholischen Getränken zu fermentieren. So entdeckte man Alkoholspuren aus einer Mischung aus Reis, Honig und Früchten in über 9000 Jahre alten Tonscherben in einer jungsteinzeitlichen Siedlung.

FRÜCHTE MIT GEIST

Eines vorneweg: Diese Fermentation hat einen speziellen Twist – bei der Gärung bildet sich Alkohol, die Hefe bringt zusätzlichen Schwung. Wie viel Alkohol entsteht, habe ich nicht gemessen, aber er war deutlich spürbar.

Zutaten für ein 1-l-Glas:
500 ml Wasser, 10 g frische Hefe oder 1 TL Trockenhefe, 400 g Zucker, 200 g einwandfreie frische Beeren (oder Mischung aus Erdbeeren, Marillen, Mirabellen, Kirschen etc.)

Das Glas gründlich reinigen und die Gummidichtung anbringen. Hefe und 200 g Zucker in lauwarmem Wasser auflösen. In das Glas füllen und drei bis vier Tage gären lassen, bis sich Schaum an der Oberfläche bildet. Dann die Beeren säubern, mit 200 g Zucker vermischen, in das Glas geben und verschließen. Auf einen Teller stellen (um austretende Flüssigkeit aufzufangen) und zudecken.

Fermentationsdauer: ca. 3 Wochen.

Trocknen, salzen und räuchern waren weitere Praktiken der Haltbarmachung dieser fernen Zeit. Fleischstücke wurden über Feuer getrocknet und geräuchert. Die Salzvorräte waren nicht groß, doch es reichte, um Fleisch einzusalzen. Laut archäologischen Funden sind diese Methoden seit mehr als 9000 Jahren bekannt.

Fermentieren, trocknen, räuchern, salzen, säuern, in Öl einlegen – das waren die Methoden der Steinzeit.

Trocknen – was steckt dahinter?

Bakterien, Pilze, Keime – all jene Mikroorganismen, die auch für den Verderb von Lebensmitteln verantwortlich sind, fühlen sich in einer feuchten Umgebung wohl und vermehren sich. Durch Trocknung wird ihnen genau jene Basis entzogen: das Wasser. Wird den Lebensmitteln bis auf zumindest vier Prozent Wasser entzogen, sind diese nahezu unbegrenzt haltbar – dann kommt es nur noch auf die Lagerung an. Trocken muss es sein, damit keine Feuchtigkeit angezogen werden kann.

Eine moderne Methode – mit alten Wurzeln aus dem skandinavischen Raum – ist die Gefriertrocknung. Sie wird bis heute bei der traditionellen Stockfischherstellung angewendet. Die Fische werden in der eisigen Kälte im Freien aufgehängt. Auch bei der industriellen Gefriertrocknung nutzt man diese Technik. Das verdampfte Wasser aus den Lebensmitteln schlägt sich als Eis an Kühlschlangen nieder. Kräuter, Früchte, Gemüse, Gewürze und auch Kaffee werden gern auf diese Weise getrocknet.

Trockenobst ist beliebt – Dörrpflaumen, Apfelchips, getrocknete Feigen, Marillen, Weintrauben (Rosinen) … nahezu jedes Obst und Gemüse kann getrocknet werden, in Dörrautomaten als auch im Backofen. Gekaufte Trockenfrüchte enthalten mitunter die Schwefelverbindung Sulfit, zur Konservierung und auch um die Farbe zu stabilisieren. Sulfit kann Allergien auslösen und die Darmflora ungünstig beeinflussen.

Ein Hinweis: Bei Trockenobst steigt durch den Wasserentzug der Mineralstoffgehalt, auch der Zuckergehalt ist konzentriert – man sollte daher vom jeweiligen Obst nicht mehr essen, als man auch frisch davon essen würde.

GETROCKNETE TOMATEN

Tomaten trocknen geht ganz einfach im Backofen!

Schau dir die Zubereitung von getrockneten Tomaten hier an:

Hier die Anleitung Schritt für Schritt:

Den Backofen auf 220 °C Umluft vorheizen. Ein Backblech mit 500 g Salz dick bestreuen. Die Tomaten halbieren bzw. vierteln und den Strunk sowie den wässrigen Anteil herausschneiden. Am besten eignen sich fleischige Tomaten, aber auch kleine Cocktailtomaten schmecken fein.

Die Tomatenstücke mit der Hautseite nach unten auf dem Salzbett dicht an dicht verteilen. Auf Wunsch mit gehacktem Knoblauch bestreuen. 5–7 Minuten im heißen Backofen anrösten – nur so lange, dass die Tomaten keine Farbe annehmen. Danach die Temperatur auf 90 °C reduzieren und einen Holzkochlöffel in der Backofentür einklemmen, damit die Feuchtigkeit entweichen kann. Nun 2–3 Stunden trocknen (je nach Saftigkeit der Tomaten dauert dies unterschiedlich lange).

Die Tomaten auskühlen lassen, in ein luftdicht verschließbares Gefäß geben und kühl lagern.

Variante: Die getrockneten Tomaten mit Zitronensaft beträufeln und in hochwertigem Pflanzenöl einlegen.

Tipp: Das Salz nimmt das Aroma der Tomaten an und ist eine feine Würze. (Wenn man es öfters zum Trocknen von Tomaten verwendet, wird das Aroma des Salzes noch intensiver.)

Als das Feuer kam … entstand Rauch[10)]

Rauch gilt als Symbol des Vergänglichen, aber auch als Zeichen der Besinnlichkeit. Rauch prägt die Menschheit seit der Entdeckung des Feuers – ob als Rauchopfer, einer Kulthandlung der frühen Menschheit, als symbolträchtiger Rauch der Friedenspfeife oder als Erinnerung an geheimnisvolle Bräuche und Riten, die wir an speziellen Tagen immer noch durchführen.

Kaum hatte der steinzeitliche Jäger das Feuer und seine Möglichkeiten entdeckt, beobachtete er, dass er damit auch das Fleisch seiner Jagdbeute für längere Zeit bewahren konnte.

Heute unterscheidet man zwei Methoden: die Kalt- und die Heißräucherung.

Die Kalträucherung wird bei Temperaturen von 15–25 °C über zwei bis sechs Wochen durchgeführt. Man nutzt dabei die bakterien- und pilztötenden Bestandteile des Rauchs. Durch die Dauer der Räucherung wird zusätzlich auf ganz natürliche Weise auch Wasser und somit die Lebensgrundlage von Mikroorganismen entzogen. Man schlägt sozusagen mehrere Fliegen mit einer Klappe. Dieses traditionelle, sanfte Verfahren gilt jedoch als unwirtschaftlich. Der Gewichtsverlust von fast vierzig Prozent, der Zeit- sowie Lageraufwand und die damit verbundenen Kosten stehen nicht in Relation zum tatsächlichen Verkaufspreis.

Daher wurde das nur wenige Stunden dauernde Heißräuchern entwickelt. Fisch, Fleisch und Würste werden bei 60–65 °C geräuchert. Die Produkte ähneln den kalt geräucherten in Aussehen und Geschmack, haben allerdings einen höheren Wassergehalt. Ein gravierender gesundheitlicher Nachteil dieser Methode ist die Bildung von PAK (Polyzyklische Aromatische Kohlenwasserstoffe), die nachweislich krebserregend wirken.

Eine alternative und mittlerweile vor allem in der industriellen Fleischverarbeitung verbreitete Form des Räucherns ist das Behandeln der Lebensmittel mit Flüssigrauch (gereinigtes Rauchkondensat). Diese Methode zielt nur auf den Geschmack und hat keinen Einfluss auf die Haltbarkeit.

Salz entzieht Wasser

Wasser ist Leben – auch für Mikroorganismen. Der Sinn des Einsalzens ist daher, ihnen diese Lebensgrundlage zu verwehren. Salz zieht

10) Vgl. Möhler, K. (1978): Das Räuchern. Alzey, S. 13.

Feuchtigkeit aus den Zellen und entzieht Bakterien und Keimen den Nährboden. Es trocknet und verhindert so den Fäulnisprozess.

Zum Einsalzen sind erhebliche Mengen an Salz notwendig. Für die Konservierung von Fleisch ist beispielsweise eine mindestens 15-prozentige Kochsalzlösung erforderlich. Für Gemüse und Früchte reicht eine 11-prozentige Anreicherung mit Salz.

Hast du schon einmal probiert, Würzpasten selbst herzustellen? Sie sind eine herrliche Ergänzung in der Küche. So kannst du zum Beispiel übliche Suppenwürfel einfach und natürlich ersetzen.

GEMÜSE-GEWÜRZ-PASTE

Verschiedenes Gemüse, frischen Ingwer, Zitrone und Kräuter – insgesamt 900 Gramm – fein hobeln, reißen, häckseln oder wolfen und mit deinen Lieblingsgewürzen – meine sind Wacholderbeeren, Kurkuma, Pfeffer und Anis – sowie mit 110 g Salz gut vermischen. In sterilisierte Gläser füllen. Mit 2 Teelöffel dieser Paste ersetzt du in etwa einen Suppenwürfel und zauberst auf die Schnelle eine feine Gemüsebrühe.

Säure – Konservieren mit Essig

Bereits um 5000 v. Chr. war im Orient die konservierende Wirkung von Essig bekannt. Aus Wein, den man offen stehen ließ, entstand Essig – dieser ist daher auch kein »richtiges« Ferment (dazu später mehr). Dieses saure »Getränk« wurde verdünnt verwendet, um den Durst zu stillen und Lebensmittel länger haltbar zu machen – dafür sorgt der niedrige pH-Wert. Geschmacklich besserte man den Essig mit Salz, Kräutern und Gewürzen auf, wie wir es heute etwa bei den beliebten Essiggurken kennen.

ROTER SELLERIESALAT, ESSIGSAUER

Zutaten für 6 Gläser à 400 ml:
600 g geschälter Knollensellerie, 300 g geschälte Rote Rübe, 200 g geschälte Karotten, 300 g entkernte Äpfel, 50 g geschälter Ingwer, 40–60 ml frisch gepresster Zitronensaft, 100 g Zucker, 1–2 Lorbeerblätter, 1 TL gemahlener Kurkuma, 1 EL gelbe Senfkörner, 2 TL Thymianblättchen, 2 TL unjodiertes Salz, 1 TL frisch gemahlener Pfeffer, 200 ml Wasser, 300 g Apfelessig, 50 g Olivenöl

Sellerie, Rote Rübe, Karotten und Apfel mit einem Gemüsehobel in feine Streifen schneiden. Ingwer fein hacken. Alles mit Zitronensaft und Zucker vermischen. Gewürze und Wasser dazugeben und 10 Minuten kochen. Apfelessig hinzufügen und nochmals 5–10 Minuten kochen, bis das Gemüse den gewünschten Biss hat. Das Olivenöl zugeben, gut vermischen und das Gemüse samt Flüssigkeit in gründlich gereinigte (sterilisierte) Gläser füllen. Darauf achten, dass der Glasrand sauber ist, die Gläser möglichst voll sind und das Gemüse gut mit Flüssigkeit bedeckt ist. Eventuell noch etwas Essig nachfüllen. Die Gläser sofort verschließen – solange das Gemüse noch heiß ist. Fertig ist dein selbst gemachter essigsaurer Salat! Kühl und dunkel gelagert hält er sich mehrere Monate.

Durch Öl von Sauerstoff trennen

Bereits etwa 3000 v. Chr. wurden im damaligen Mesopotamien Fisch und Fleisch erst gekocht und dann in Sesamöl gelagert. Durch den Ölabschluss waren die Lebensmittel vom umgebenden Sauerstoff abgeschlossen. Diese Technik gilt nach wie vor, wenn man zum Beispiel Öl auf ein angebrochenes Glas Pesto gibt, um die Haltbarkeit zu verlängern. Doch nicht allen Bakterien entzieht man damit den Lebensraum. Heute weiß man, dass einige gefährliche Bakterien, wie zum Beispiel Clostridium botulinum, durchaus ohne Sauerstoff gut leben. Daher empfiehlt sich bei Luftabschluss immer eine Kombination aus Erhitzen, Säuern, Salzen und/oder Kühlen.

PIKANTES MOHNPESTO

Zutaten:
50 g ganze Mandeln, 2 Knoblauchzehen, 1 Bund Petersilie, ½–1 Zitrone, 80 gemahlener Mohn, 30 g Hanfsamen oder Pinienkerne, ½ TL Salz, 2 Msp. Zimt; 30 ml Hanföl, 100 ml Mohnöl, 30 g geriebener Parmesan, 5–6 getrocknete Tomaten (in Öl eingelegt)

Pikantes Mohnpesto passt hervorragend zu Ziegencamembert aus dem Ofen – garniert mit frischen Himbeeren.

Die Mandeln in einer Pfanne vorsichtig rösten, bis sie duften, dann auskühlen lassen und hacken. Zitronenschale abreiben und Saft pressen. Knoblauchzehen und Petersilie hacken. Mandeln, Knoblauch, Petersilie, Mohn, Hanfsamen, Salz, Zimt, Zitronenschale und -saft vermischen und 10–15 Minuten ziehen lassen. Anschließend mit dem Öl, Parmesan und den gehackten Tomaten vermischen. In gründlich gereinigte (sterilisierte) Gläser füllen, dabei mehrmals auf einem Geschirrtuch aufklopfen, damit die Luftbläschen entweichen. Mit etwas Öl bedecken und im Kühlschrank aufbewahren.

Aus der Not heraus …

… vom Altertum zum Mittelalter (ca. 2000 v. Chr. bis 1500 n. Chr.)
Zur Weiterentwicklung der frühen Konservierungsmethoden haben zwangsläufig auch einige weniger schöne Dinge in der Menschheitsgeschichte, wie kleine und große Krisen, oder die Folgen von gesellschaftlichen und kulturellen Veränderungen beigetragen. Einerseits waren es die zahlreichen Kriege, die eine gesicherte Versorgung der Soldaten verlangten, andererseits wurden mit der Sozialisierung die Unterschiede zwischen Stadt und Land deutlicher, die Städter mussten versorgt werden. Auch die Gefahr von Hungersnöten oder Missernten förderte sozusagen die Kreativität – es entstanden weitere Methoden bzw. bereits bekannte Methoden wurden weiterentwickelt.

Wie der Schwefel in den Wein kam

Wurde Wein einst mittels Baumharzen, Bienenwachs und Kräutern konserviert, so gingen die Römer im Altertum dazu über, ihn mit Schwefel zu behandeln. Der Weinbedarf stieg und die Fässer wurden größer, um auch die Soldaten im entfernten Gallien und Germanien mit römischem Wein versorgen zu können. So wurden in den Holzfässern Schwefeldochte abgebrannt: Schwefeldioxid entstand, dies sterilisierte das Innere des Fasses, löste sich im eingefüllten Wein auf und konservierte ihn.

Diese teils umstrittene Methode wird etwa für Trockenfrüchte, kandierte Früchte, getrocknete Kartoffelerzeugnisse und Wein auf ähnliche Weise heute noch angewendet. Die zugesetzte bzw. gebildete schweflige Säure bindet Sauerstoff und schützt dadurch die Ware vor dem Verfärben – sie behält nahezu ihre natürliche Farbe. Auch die Entwicklung von Mikroorganismen, wie Schimmel- und Kahmhefen, wird dadurch gehemmt.

Unverändert beliebt ist Schwefeln bei Wein. Die schwefelige Säure bindet das gesundheitsschädliche Acetaldehyd (Ethanal). Doch es schützt nicht nur vor Bakterien und Pilzen und bewahrt das Bouquet, es verändert je nach Dosierung auch das Mundgefühl und Aroma. Unwissenheit und Fehlinformationen führten dazu, dass es häufig zu Überdosierungen beim Schwefeln kam. So erschien 1487 in Rothenburg ob der Tauber eine Verordnung, die das Schwe-

Konservieren mit Schwefel, Honig, Gas, Säure, Kühlung, Alkohol, Zucker, Pökeln – all das entwickelte sich von der Antike bis zum Mittelalter.

feln von Wein nur unter gewissen Bedingungen gestattete. Kaiser Maximilian I. führte um 1500 den ersten bekannten Grenzwert – 32 mg/l – in der Geschichte des Weins ein.

Den Bären abgeschaut – Konservieren mit Honig

Die Bären waren unser Vorbild ... Von ihnen lernten wir wohl schon in prähistorischen Zeiten, dass Honig sehr nützlich ist. Er ist süß, wohlschmeckend und mit all seinen wertvollen, natürlichen Inhaltsstoffen obendrein gesundheitsfördernd.

Was Honig für die Konservierung so interessant macht: der hohe Zuckeranteil und der geringe Wassergehalt. Durch seine organischen Säuren hat Honig einen niedrigen pH-Wert, was ebenso vor dem Verderb schützt.

Dennoch wird Honig in der Lebensmittelkonservierung kaum eingesetzt. Geschmacklich gesehen ist dies schade, wie ich finde – und liefere dir mit dem nachfolgenden Rezept eine wahre Delikatesse. Probiere es aus!

KNOBLAUCH IN HONIG

Zutaten für ein 0,5-l-Bügelglas:
200 g kleine Knoblauchzehen,
400 g Honig

Die Süße des Honigs in Verbindung mit dem Aroma des Knoblauchs ist ein Gaumenschmaus. Den »knofeligen Honig« kann man wunderbar für Salatdressings verwenden.

Die Knoblauchzehen schälen, sorgfältig braune Stellen wegschneiden und in das Glas geben. Mit flüssigem, naturbelassenem Honig übergießen und gut durchrühren – so, dass jede Knoblauchzehe mit Honig benetzt ist. Auf einen Teller oder in ein flaches Gefäß stellen. Täglich das Bügelglas schwenken, bis die Knoblauchzehen zu Boden sinken – dann sind sie fertig und können gegessen werden. Dauer: ca. 1–2 Monate, je nach Größe der Knoblauchzehen. Und wie bei vielen anderen Gemüsesorten mit fester Struktur schmeckt es am besten, wenn man es richtig lange stehen lässt – und da sind auch 6–12 Monate keine Seltenheit.

Nicht wundern – es zischt und blubbert auch hier, der Sauerstoff wird aus dem Glas gedrängt, und es blubbert auch etwas Honig aus dem Glas, daher der Teller :)

Bei diesem Rezept handelt sich auch um eine Art Fermentation, da die Zubereitung aber ohne Salzzugabe nur mit Honig passiert, habe ich es hier eingefügt.

Das Gas der Bibel

Die Bibel berichtet über das Volk Israel in Ägypten (ca. 1000 v. Chr.), dem der Pharao befahl, »in den sieben fetten Jahren den fünften Teil des Getreides in Fruchthäusern einzulagern, um Vorrat für die sieben mageren Jahre zu haben«. Hier handelte es sich einerseits um den Aufruf zur Vorratshaltung und andererseits wohl um den ersten Fall der Hunderte Jahre später entwickelten Speicherlagerung.

Mit Ton und Wachs versiegeln

Vor ungefähr zwanzig Jahren kaufte ich einen wundervollen roten Apfel in New York. Ich brachte ihn als Souvenir mit nach Hause, mein Vater lagerte ihn im Weinkeller. Das Besondere: noch nach Jahren war der Apfel wie frisch geerntet. Die Neugierde siegte schlussendlich und ich nahm ihn genauer unter die Lupe. Den Apfel umhüllte eine dünne Wachsschicht. Das war keine neue, amerikanische Methode. Bereits Tausende Jahre zuvor schrieb Plinius (24–79 n. Chr.) von Quitten, die mit Bienenwachs überzogen wurden, und von Äpfeln, die mit Ton umhüllt wurden, um sie vor Sauerstoff und Wasser und somit vor dem Verfaulen zu schützen.

Kühlender, befeuchteter Ton

Etwa 200 n. Chr. setzte man im römischen Reich Verdunstungskälte bewusst zur Kühlung ein. Lebensmittel wurden in Tonschüsseln gegeben, die kühl gelagert und permanent von außen angefeuchtet wurden. Diese einfache Technik kennen und nutzen wir heute noch als wunderschöne Flaschenkühler aus Ton.

In Alkohol gelagert

Die desinfizierende Wirkung von Alkohol nützt man beim Einlegen von Früchten in Alkohol. Alkohol war eigentlich immer schon vorhanden. Wie anfangs beschrieben, hat der Mensch früh erkannt, dass Alkohol beim Vergären von Früchten entsteht. Ein »Revival« erfuhr die Konservierung von Früchten mit Alkohol mit der maurischen Besatzung (ca. 1000 n. Chr.) Spaniens. Der heute oft als altmodisch angesehene »Rumtopf« ist ein Relikt dieser Zeit.

RUMTOPF NACH OMAS ART

Zutaten für ein 2–3 Liter fassendes Bügelglas oder einen Steinguttopf:
1 kg Früchte, etwas mehr als ein halbes Kilogramm Zucker sowie 1 Liter hochprozentigen aromatischen Rum (54–60 Vol. % Alkohol)

Als Behälter für den Rumtopf eignen sich hervorragend auch ein Bügelglas oder ein Sauerkrauttopf. Also – Deckel auf und von Mai bis Oktober nur die besten Früchte sammeln, jeweils mit Zucker und hochprozentigem Rum vermischen. Dann etwas in Geduld üben. Im Advent, wenn die alkoholischen Früchte traditionell genossen werden, ist der Rumtopf fertig. Die Früchte passen wunderbar zu Vanillepudding, Eis, Pannacotta und vielem mehr. Umgefüllt in kleine, saubere Bügelgläser sind die Rumtopffrüchte ein willkommenes Weihnachtsgeschenk für Familie und Freunde.

Zubereitung:

1. Sobald im Mai die Erdbeeren reif sind, 125 kleine Erdbeeren mit 125 g Zucker vermischen und durchziehen lassen. In das Gefäß geben und mit so viel Rum auffüllen, dass die Früchte 1–2 Zentimeter mit Rum bedeckt sind. An einen kühlen, dunklen Ort stellen.
2. Als Nächstes kommen im Juni und Juli die Weichseln oder Kirschen dran: 125 g Kirschen mit 75 g Zucker vermischen, wiederum ziehen lassen, in den Topf geben und ebenso mit Rum bedecken.

3. **Nun geht es weiter im Takt der Jahreszeiten: Himbeeren, Ribisel, Marillen, Pfirsiche und Brombeeren gemischt, dann Trauben und zu guter Letzt die Birnen – entkernen, schälen und in Stücke schneiden. Immer je 125 g Früchte mit 75 g Zucker vermischen, ins Glas geben und mit Rum bedecken.**
4. **Zuletzt den Rumtopf je nach Geschmack mit einer Vanilleschote, Sternanis, Gewürznelken verfeinern und bis zum 1. Advent an einem kühlen, dunklen Ort ruhen lassen.**

Wie bleiben Fleisch und Wurst rot?

Das Pökeln oder Suren, wie es im Süden Deutschlands und in Österreich auch genannt wird, zieht sich wie ein roter Faden durch die Geschichte: über Babylonien, das Römische Reich und das Mittelalter bis zu Gillis Beukel, einem Holländer, der um 1400 starb. Er hat das Pökeln, von Fisch und Fleisch auf Basis von Nitrat weiterentwickelt.

Mittlerweile nutzt man zum Pökeln Nitrit. Mit der antimikrobiellen Wirkungsweise von Nitrit, in Kombination mit Salz, einem niedrigen pH-Wert, Erhitzung und durch kühle Lagerung, wird eine gute Haltbarkeit der Waren erzielt.

Hinzu kommt der optische Effekt: Nitrit sorgt für eine stabile Rotfärbung – die Wurst wirkt dadurch appetitlicher. Ohne Pökelsalz wird Wurst grau.

Der gesundheitliche Effekt: Pökelsalz kann man durchaus kritisch betrachten, die Liste der gesundheitlichen Bedenken ist lang. Ganz oben steht die krebserregende Wirkung aufgrund der Nitrosaminbildung.

Neue Techniken – Faktor Wirtschaft

Von der Industrialisierung bis heute … die Neuzeit (ab ca. 1500 n. Chr.)

Mit der beginnenden Industrialisierung setzte auch in der Gesellschaft eine massive Veränderung ein. Große Teile der Landbevölkerung verloren ihre Existenzgrundlage und flüchteten in die aufblühenden Städte. Was damals unberücksichtigt blieb, war die Lebensmittelversorgung. Das aufkommende Dilemma – längere Transportwege und -zeiten, Notwendigkeit von Lagerhaltung in großem Umfang und Verteilungsprobleme – führte schlussendlich doch auch zu einem Innovationsschub. Die Lebensmitteltechnologie war gefordert – sie nahm die Herausforderung an und viele neue Techniken und Methoden entstanden. Es begann eine neue Ära der Lebensmittelkonservierung. Der ursprüngliche Gedanke der Versorgung wurde zu einem mittlerweile mächtigen Wirtschaftsfaktor.

Ab in die Dose!

Wer kennt sie nicht, die Dose – es gibt kaum ein Lebensmittel, das es nicht auch in Dosen gibt. Von Tomaten, Hülsenfrüchten, Erbsen und Co. bis hin zu fertigen Gerichten wie Gulasch und Suppen ist alles auch als Dosenkonserve erhältlich. So alltäglich diese Dosen heute sind, so innovativ waren sie vor rund 350 Jahren.

Es begann mit dem französischen Physiker Denis Papin (1647–1713), der auch den Schnellkochtopf erfunden hat. 1674 erhitzte er in einem luftdicht verschlossenen Topf Fleisch und konservierte es dadurch – die erste Dose war »geboren«.

Große Hitze zerstört Mikroorganismen, das bewies 1765 auch Lazzaro Spallanzani (italienischer Universalwissenschaftler, Philosoph, Physiker und Jesuit). Er erkannte, dass in einer bei hoher Temperatur aufgekochten organischen Flüssigkeit keine fäulniserregenden Stoffe entstehen, wenn diese in luftdicht verschlossenen Gefäßen aufbewahrt werden.

Bis zur Weiterentwicklung der Konservendose vergingen noch einige Jahre, und tatsächlich war Napoleon Bonaparte stark daran beteiligt. Viele seiner Soldaten starben durch Mangelernährung –

nicht durch Feindeshand, er brauchte Essen für seine Truppen. So setzte Bonaparte 1795 einen Preis von 12.000 Goldfrancs aus für ein Verfahren, das Nahrungsmittel haltbar machte.

Im französischen Zuckerbäcker Nicolas Appert keimte die Idee, Lebensmittel zu erhitzen und damit haltbar zu machen. Er füllte Obst und Gemüse in Glasflaschen, erhitzte sie und verschloss sie luftdicht. Er tüftelte und experimentierte, um die richtige Temperatur und Kochzeit für unterschiedliche Lebensmittel festzulegen. Schließlich testete die französische Marine seine Erfindung – und er holte sich das Preisgeld. Die empfindlichen Glasflaschen allerdings bewährten sich beim harten militärischen Einsatz nicht.

Als Appert'sche Konservierung wurde dieses Verfahren erst im 20. Jahrhundert zum Einkochen und Einmachen à la Rex oder Weck verbreitet – dazu später mehr.

In England wurde Apperts Technologie weiterentwickelt. Statt Glas wurden mit Blei verlötete Metalldosen verwendet. Erhitzt wurden sie in Autoklaven – eine Art riesiger Druckkochtopf, in dem durch Druck eine Temperatur von 121 °C erreicht wird und dabei alle lebenden Mikroorganismen inklusive deren Sporen abgetötet werden.

Kleine Notiz am Rande: Es brauchte 60 Jahre, von 1810 (Patentanmeldung der Konservendose) bis 1870, bis der noch heute verwendete Dosenöffner mit Schneidrad erfunden wurde.

Als sich Anfang des 20. Jahrhunderts die vollautomatische Dosenfertigung ohne Blei durchsetzte, erlebten die Dosen ihren Höhenflug … der erst durch die Tiefkühlprodukte in den 1950er-Jahren durchbrochen wurde.

Kurz erhitzt und abgekühlt … pasteurisiert

Louis Pasteur (1822–1895), französischer Chemiker, Physiker und Mitbegründer der medizinischen Mikrobiologie, machte seine ersten Erfahrungen mit Wein. Junger Wein der fest verschlossen war, alterte nicht, wenn er ihn auf 40–60 °C erhitzte. Heute kennen wir das weiterentwickelte Verfahren als »Pasteurisierung«. Im Gegensatz zur zuvor beschriebenen Sterilisation werden Lebensmittel bis maximal 100 °C erhitzt, um Mikroorganismen abzutöten.

Die Pasteurisierung wird vor allem zur Haltbarmachung diverser Flüssigkeiten, etwa von Frucht- und Gemüsesäften, Kompotten, Wein, Bier oder im Handel erhältlichem Sauerkraut verwendet … und Milch wird so haltbar gemacht. In einem geschlossenen System – um das Eindringen neuer Mikroorganismen zu verhindern – wird die Rohmilch 15 Sekunden lang auf 72 °C erhitzt und sofort wieder abgekühlt. Dadurch wird ein Großteil der schädlichen Mikroorganismen, wie Bakterien, Hefen und Schimmelpilze, abgetötet, zugleich bleiben aber Nährwert und Geschmack fast unverändert.

Wählt man etwas höhere Temperaturen (85 °C), wird die Haltbarkeit der Milch deutlich verlängert (»Länger frisch«-Milch). Bei noch höherer Temperatur (135 °C) wird die Milch zur »Haltbarmilch« und lässt sich bei Raumtemperatur lagern. 1969 brachte ein französisches Unternehmen die erste ultrahocherhitzte »H-Milch« auf den Markt.

Zuckersüß konserviert

Einen königlichen Hinweis zur Konservierung mit Zucker gibt es aus Frankreich. In einem Erlass von 1353 wurde es verboten, Honig anstelle von weißem Zucker für eingemachte Früchte zu verwenden. Dies betraf die Apotheker, denn Zucker war teuer – noch.

Mit Beginn der Rübenzuckerindustrie um 1800 wurde Zucker erschwinglich und in vollem Umfang eingesetzt. Man startete mit Obst und produzierte Marmeladen, Konfitüren und Gelees. 1 Kilogramm Obst auf 1 Kilogramm Zucker. Alkohol unterstützte die Haltbarkeit. Zitronensäure verringerte den pH-Wert und somit war gegen den Verderb der kostbaren Früchte eine wahre Wunderwaffe vorhanden.

Noch heute ist das Kochen von Marmelade – das Einkochen – beliebt. Selbst gemacht, noch dazu mit Früchten aus dem heimischen Garten, schmeckt es einfach besser.

Nougat- und Pralinenfüllungen sowie Mandeln wurden bloß mit Zucker haltbar gemacht. Für Marzipan verwendete man rund 70 Prozent Zucker. Das kostbare Marzipan, das ursprünglich aus Persien kam – es fand seinen Weg über die Mauren und über Spanien nach Europa, zeitgleich dürfte es auch in Norddeutschland »entdeckt« worden sein –, war nur den Adeligen und Wohlhabenden vorbehalten. Erst mit der Industrialisierung des Zuckers wurde es auch für die breite Bevölkerung zugänglich.

Mit viel Zucker aufbereitete Speisen und Süßigkeiten sorgen für die Überfeuchtung der Gewebe, sie reizen und überhitzen den Organismus. Übergewicht und andere sogenannte Zivilisationskrankheiten entstehen.
In der TEM wird Zucker als Gewürz betrachtet und zum Temperieren von Speisen verwendet. Vorteilhaft ist Zucker besonders für Ältere sowie für Menschen, die sich von Krankheiten erholen, und für Melancholiker. Jedoch sparsam und punktuell, ganz nach dem Motto von Paracelsus: Die Dosis macht das Gift.
Und daher gehört etwa Marmelade auch in der TEM hin und wieder dazu – nicht täglich, aber wenn, dann selbst gemacht!

HIMBEERMARMELADE MIT THYMIAN

Zutaten:
1 kg Himbeeren, 3–4 Thymianzweige, 1 Packung Gelierzucker 2:1, 1 Zitrone, 1 Prise Salz, 1 kleiner Tropfen Öl

Ein kurzes Video findest du hier:

Wenn weniger Zucker verwendet werden soll, ist die Methode des Einmachens »nach Appert« empfehlenswert. Wie das geht, erfährst du auf der nächsten Seite.

Schraubgläser gründlich reinigen (sterilisieren und mit der Öffnung nach unten auf einem Geschirrtuch bereithalten. Einen kleinen Teller für die Gelierprobe in das Gefrierfach legen. Himbeeren, Thymian, Zitronensaft, Salz, Öl und Gelierzucker in einem großen Topf vermischen und erhitzen. Sobald die Masse kocht, auf die Uhr schauen – und je nach Packungsangabe circa vier Minuten sprudelnd kochen.

Den Teller aus dem Gefrierfach holen und die Gelierprobe machen: 1 TL heiße Flüssigkeit auf den gekühlten Teller geben und warten, bis sie kalt ist. Ist die Fruchtmasse danach fest, ist die Marmelade fertig. Wenn nicht, nochmals kurz kochen – aber nicht zu lange. Wenn sich Schaum gebildet hat, mithilfe eines Schaumlöffels zügig abschöpfen.

Die heiße Marmelade bis knapp unter den Rand (ca. 5 mm) in die vorbereiteten Gläser einfüllen – dabei ist ein Marmeladentrichter hilfreich. Sofort verschließen – zuvor noch prüfen, ob der Glasrand sauber und nicht angetropft ist, sonst gut abwischen. Die Marmelade abkühlen lassen.

Alles kommt ins Glas – das Einmachen nach Appert

Neben dem Fermentieren erlebt das Einmachen, wie wir es von unseren Großeltern noch kennen, ein Revival. Kennst du sie, die großen Gläser mit köstlichem Kirschenkompott, Zwetschkenröster & Co.? Das Haltbarmachen von Obst und Gemüse ist wieder in. Schließlich kann man damit auch ganz wunderbar den Geruch des Sommers konservieren – und so den Geschmack der bunten, süßen Früchte auch noch im Herbst und Winter genießen.

Einmachen, wie es von Nicolas Appert überliefert ist, ist gegenüber der Methodik des Einkochens, wie vorhin beschrieben, eine physikalische Methode: Lebensmittel werden durch Erhitzen und unter Luftabschluss haltbar gemacht. Fertig abgefüllte Flaschen oder Gläser werden in Wasser gestellt und »im Dunst« ein zweites Mal gekocht. Zusätzlich wird mit Zitronensaft oder Essig gesäuert oder Salz zugefügt.

Das Einmachen ist als Konservierungsmethode – wegen der niedrigeren maximal erreichbaren Temperatur während des Konservierungsvorgangs – zwar nicht so sicher wie das Haltbarmachen des Inhalts von z. B. Konservendosen in industriellen Autoklaven, kann dafür aber auch in einem Privathaushalt ausgeführt werden. Es entspricht vielmehr einer Pasteurisierung als einer Sterilisierung.

Bekannt ist das Einmachen auch als »Einrexen« und »Einwecken« – durch die Gläser mit Gummiring der ehemals patentierten deutschen Firmen J. Weck GmbH und Co. KG sowie der Rex-Konservenglas-Gesellschaft, die in Österreich als Marke neu belebt wurde.

Als Einmachgut eignen sich vorwiegend Obst und Gemüse. Pilze oder Fleisch bzw. daraus bestehende Gerichte, sofern sie nicht besonders hitzeempfindlich sind, müssen nochmals separat betrachtet werden. Auch Kuchen kann in Einmachgläsern gebacken und haltbar gemacht werden. Die Lebensmittel werden vorgekocht oder roh mit genügend Flüssigkeit in gründlich gereinigte, speziell dafür vorgesehene Gläser gefüllt. Diese werden nur zu achtzig Prozent befüllt. Von den Lebensmitteln bis zum Glasrand muss ein Freiraum von zwei bis drei Zentimetern bleiben, da vor allem Flüssigkeiten beim Einkochen nach oben steigen.

Die Gläser werden mit einem Gummiring und gläsernen Deckeln bzw. geeigneten Twist-off-Deckeln verschlossen. Der Glasdeckel wird mit einem Drahtbügel oder zwei Klammern aus Federstahl fixiert. Die Gummiringe funktionieren dabei wie eine Art Überdruckventil.

Zum Einmachen werden die Gläser in der Regel in einem Wasserbad erhitzt, bis die entsprechende Temperatur erreicht ist. Diese muss so lange gehalten werden, bis der Inhalt vollständig pasteurisiert ist. Je nach Füllgut werden unterschiedliche Temperaturen, Zeiten und Glasgrößen empfohlen.

Anstatt im Wasserbad können die Gläser auch im Backofen erhitzt werden. Ich empfehle diese Methode jedoch nicht – wegen der gegen trockene Hitze empfindlichen Gummiringe bzw. der Kunststoffbeschichtung der Twist-off-Deckel. Außerdem lässt sich die ausreichende und gleichmäßige Erhitzung der Gläser im Ofen nur daran erkennen, dass Blasen im Glas aufsteigen. Dies geschieht jedoch erst bei 100 °C, einer Temperatur, die für empfindliches Obst zu hoch ist.

Besser gelingt das Einmachen im Dampfgarer, hier kann man sich an die empfohlenen Zeiten halten.

Nach dem vollständigen Abkühlen der Gläser, meist nach 24 Stunden, können die Bügel bzw. Klammern entfernt werden. Während des Erhitzens hat sich die restliche Luft im Glas ausgedehnt und ist größtenteils entwichen. Beim Abkühlen entsteht dadurch ein starker Unterdruck, sodass der Deckel vom Luftdruck fest auf das Glas gepresst wird.

Kühl und dunkel gelagert bleibt Eingemachtes mehrere Monate bis sogar Jahre haltbar. Ein nach der Lagerungszeit nur noch locker aufliegender Deckel ist ein Zeichen für den Verderb des Eingemachten – dann hat sich wohl doch etwas Unerwünschtes ins Glas gesellt.

HOLLERKOCH – DAS BESTE FÜR DEN PHLEGMATIKER

Zutaten:
300 g entkernte und geschälte Birnen, 300 g Zwetschken, 100 g frisch gepresster Orangensaft, 1 kg reife Holunderbeeren, 100 g Rohrohrzucker, 50 g Vanillezucker, 1 TL Lebkuchengewürz

Die Einmachgläser – mit Bügeln oder Klammern – gründlich reinigen (sterilisieren und mit der Öffnung nach unten auf einem Geschirrtuch bereithalten). Birnen in Stücke schneiden, Zwetschken entkernen und halbieren und mit den restlichen Zutaten erhitzen. Etwa 30–40 Minuten kochen, damit alle Toxine des rohen Holunders zerstört sind.

Das heiße Hollerkoch in die vorbereiteten Gläser einfüllen – circa 2 cm bis zum Glasrand sollen frei bleiben. Damit der Glasrand sauber bleibt, hilft ein Marmeladentrichter. Die Gläser sofort verschließen. Dann die Gläser entweder im Einkochautomaten im Wasserbad erhitzen – oder wie ich im Dampfgarer: Je nach Größe der Gläser – ich verwende »Portionsgläser« mit ca. 200 ml Füllvolumen – koche ich die Gläser nun 60 Minuten lang ein zweites Mal ein.

Danach schnell abkühlen lassen und am nächsten Tag die Klammern entfernen.

Holunderbeeren sind des Phlegmatikers Wunderwaffe. Sowohl als Hollerkoch als auch als Holundersaft unterstützen sie die Bronchien und die Entwässerung über Haut und Nieren.

Jetzt wird es kalt … wir kühlen elektrisch

Warum scheiterte die erste Kältemaschine? Es lag am Wasser. Dauert das Tiefkühlen zu lang, bilden sich grobe Eiskristalle zwischen den Zellen. Bei schnellem Frieren bilden sich feinkörnige, gleichmäßig verteilte Eiskristalle in den Zellen und den Zellzwischenräumen. Damit werden auch Nährstoffverluste weitgehend reduziert und der Geschmack bleibt erhalten. Achte genau auf die Sterne deines Kühlgeräts. Drei Sterne sollte ein Tiefkühler mindestens haben.

Mit Chemie behandelt

Chemie im Essen – ich denke, das ist nichts, was wir wollen – und dennoch macht die Lebensmittelindustrie immer mehr Gebrauch davon. Die Forschung macht es möglich. Chemische Verbindungen, auch mit antiseptischer Wirkung, können in Reinform gewonnen bzw. synthetisiert werden. Ich führe hier nur Ameisensäure, Salicylsäure und Benzoesäure als Beispiele an. Nitrit hast du beim Pökeln schon kennengelernt. Auch Propionsäure und die in der Industrie bedeutende Sorbinsäure werden durch ihre konservierende Wirkung in verschiedensten Produkten eingesetzt.

Konservierungsstoffe gegen Mikroben

Möchtest du künstliche Zusatzstoffe oder Hilfsstoffe in deinem Essen haben? Fakt ist, dass die Angebote von Convenience-Food, das meist Konservierungs-, Farb- und andere Stoffe enthält, jährlich steigen. Der Umsatz von verzehrfertigen Gerichten beträgt im Jahr 2021 allein in Deutschland rund 8,1 Milliarden Euro, in Österreich sind es rund 644 Millionen Euro (Quelle: https://de.statista.com).

Die schnellen Fertiggerichte scheinen verlockend – sie sind lange haltbar und oft richtig billig. Na ja! Ich halte mich mit meiner persönlichen Meinung nicht zurück. All diese Produkte – vorwiegend in Plastikschalen – kommen nicht ohne E-Nummern aus. Doch sind diese Zusatzstoffe sicher? Warum werden sie eingesetzt? Sind gesundheitliche Risiken damit verbunden?

Chemische Konservierungsmittel sind antimikrobielle Biozide zur Tötung oder Wachstumshemmung von Mikroorganismen. Sie kommen als Lebensmittelzusatzstoffe zum Einsatz, die den Verderb, etwa durch Bakterien, Hefe- und Schimmelpilze, verhindern sollen. Sie spielen eine wichtige Rolle bei der Konservierung und verhindern gefährliche Erkrankungen wie Botulismus und Listeriose. So weit klingt das ja grundsätzlich vernünftig.

Insgesamt gibt es in der EU zurzeit rund 340 zugelassene Zusatzstoffe.[11] Eine Zulassung wird nur erteilt, wenn keine Gesundheitsrisiken bestehen, wenn der Zusatzstoff technisch notwendig ist und die Verwendung nicht zu einer Täuschung des Verbrauchers führt. Zudem müssen Zusatzstoffe auf dem Produkt kenntlich gemacht sein. Doch nicht alle Konservierungsstoffe müssen durch Gattungsbezeichnung, Namen und die E-Nummer deklariert werden – Schlupflöcher sind die sogenannten »technischen Hilfsstoffe«.

Wie auch immer, weniger ist mehr und selbst gemacht ist selbst gemacht – meine ganz persönliche Meinung.

Mit Enzymen manipulieren

Du liebst luftig-lockeres Brot, das lange frisch und saftig bleibt? Hier sind unzweifelhaft Enzyme im Spiel. In der Backwarenindustrie werden Bakterienkulturen gezielt manipuliert. Damit wird der Backvorgang planbar und vorhersehbar, der Teig ist immer gleich, egal welches Mehl verwendet wird.

In Schutzatmosphäre (MAP) abgepackt

Das Verpacken in Schutzatmosphäre (MAP – Modified Atmosphere Packaging) ist ein Verfahren, um das Altern von Lebensmitteln kurzfristig zu verlangsamen. Die Schutzatmosphäre besteht aus natürlichen, geruchlosen und geschmacksneutralen Bestandteilen der Luft, z. B. Kohlendioxid, Stickstoff oder anderen »Schutzgasen«, deren Mengenanteile in Abhängigkeit vom Produkt variiert werden.

Dieses Verfahren kommt etwa beim Verpacken von Brot, Backwaren, Röstkaffee, Milchpulver, Faschiertem und Gewürzen zum Einsatz, ebenso bei geschälten Erdäpfeln und anderen küchenfertig vorbereiteten Gemüsen.

11) https://www.sozialministerium.at/Themen/Gesundheit/Lebensmittel-Ernaehrung/Zusatzstoffe,-Aromen,-Enzyme.html

Konservierung heute: Segen oder Fluch?

Lebensmittelkonservierung hat immer etwas mit Chemie und/oder Physik zu tun. Sei es durch Zusatzstoffe, durch Trocknung – wie es bei Nudeln gemacht wird –, bei der Marmeladezubereitung, bei Sauerteig, beim Einlegen in Salz, Öl und/oder Essig. Immer geht es darum, den Verderb der Lebensmittel so lange wie möglich hinauszuzögern und Bakterien, Pilzen und Keimen das Leben so schwierig wie möglich zu machen.

Haltbarkeit, Wirtschaftlichkeit des Verfahrens, Verträglichkeit, Unbedenklichkeit und Nährstofferhaltung sind immer gegeneinander abzuwägen.

Ob es nun die traditionellen oder die modernen Techniken sind – die Wirtschaftlichkeit stellt bei den heutigen Konservierungsmethoden immer einen wesentlichen Faktor dar. Wir leben nicht mehr dort, wo die Lebensmittel wachsen und gedeihen. Die Lebensraumentwicklung mit unterschiedlichsten Bedürfnissen sowie der internationale Warenaustausch machen die Konservierung von Lebensmitteln zu einem essenziellen Verarbeitungsschritt, um eine gleichbleibende Qualität zu gewährleisten.

Erhalt von Nährstoffen, Vitaminen und Mineralstoffen

Trotz aller modernen Möglichkeiten zur Lebensmittelkonservierung darf die Qualität der Nahrung nicht außer Acht gelassen werden. Physikalische und chemische Konservierungsverfahren verändern meist Struktur und Geschmack, auch ein Vitamin- und Aromaverlust ist nicht vermeidbar. Die Nähr- und Vitalstoffe der Lebensmittel hingegen bleiben beim Konservieren weitgehend erhalten. Einzig der Gehalt an Vitamin C und Beta-Carotin verringert sich ähnlich wie beim üblichen Garen.

Obst verliert bis zu 40 Prozent des Vitamin-C-Gehalts, Gemüse bis zu 60 Prozent. Bei Beta-Carotin sind es bis zu 40 Prozent im Obst und bis zu 20 Prozent im Gemüse. Mineralstoffe gehen zum Teil in die Einmachflüssigkeit über. Ähnlich verhält es sich mit den Vitaminen bei der Herstellung von Marmelade – aber isst du Marmelade wegen der Vitamine?

Die Frage ist: Welchen Einfluss haben moderne Konservierungsmethoden auf die Lebensgeister? Die alte Technik des Fermentierens wurde von modernen Methoden der Lebensmittelkonservierung abgelöst. Durch den Verzehr von hyperhygienischen, hochverarbeiteten und meist gleichzeitig hochkalorischen Nahrungsmitteln in

Convenience-Produkten sinkt die Vielfalt des Mikrobioms. Sterile und industriell verarbeitete Lebensmittel nehmen dem Mikrobiom die Möglichkeit sich weiterzuentwickeln. Die Diversität der Darmbakterien verringert sich und die Aufgaben des Mikrobioms werden nur mehr teilweise ausgeführt.

Auch im Haushalt gängige Konservierungsmethoden wie das Einmachen bergen Gefahren. Oft passiert es aus Unwissenheit: Gemüse ohne ausreichenden Zusatz von Säure (Essig) bei geringen Temperaturen einzumachen, ist riskant, da gefährliche Sporen (z. B. der Erreger von Botulismus) nicht sicher abgetötet werden. Es gibt Keime, die bei 85 °C nicht den »Trichinentod« sterben und zu allem Überfluss auch noch geruch- und geschmacklos sind. Ja, manch Ungesundes kann man weder riechen noch schmecken.

Oft gehen Rezepte aus alten Zeiten davon aus, dass Eingemachtes im kühlen Keller gelagert wird. Daher wird empfohlen, sofern es keinen solchen gibt, Eingemachtes immer in einem kühlen Raum oder, besser noch, im Kühlschrank zu lagern.

Chemische Konservierungsverfahren wiederum bergen das Risiko von allergischen oder Überempfindlichkeitsreaktionen. Moderne Konservierungsmethoden verändern die Natürlichkeit von Lebensmitteln massiv. Der Einfluss der zahlreichen Zusatzstoffe auf unseren Körper ist noch kaum erforscht. Oft wissen wir nicht einmal genau, was wir alles essen: Viele Zusatz- und Hilfsstoffe müssen nicht angegeben werden.

Der intensive Informationsaustausch des Darms und seines Mikrobioms mit dem Gehirn ist durch die moderne Nahrung mit all den Zusatzstoffen stark gefordert. Die Veränderung der Nahrung, gekoppelt mit chronischem Stress, kann gravierende Störungen des Mikrobioms auslösen. Depressionen, Angst, Autismus, Parkinson und Alzheimer werden mittlerweile auch mit der Veränderung des Mikrobioms in Zusammenhang gebracht.

Ja, unsere Lebensmittel entfernen sich durch die industriellen Konservierungsprozesse immer weiter von ihrer grundlegenden Natürlichkeit, der Assimilationsprozess – wie ihn die TEM bezeichnet – wird erschwert. Der Alterungsprozess setzt früher ein, da die Nahrung immer weniger unserem eigenen Stoffwechsel ähnelt und es immer schwieriger wird, aus Fremdem Eigenes herzustellen.

Letztendlich ist das Ziel der Lebensmittelkonservierung ähnlich dem Prinzip des menschlichen Assimilationsstoffwechsels: Der Alterungsprozess soll möglichst lange gestoppt werden. Auf diesen

Prozess und auf viele wirtschaftliche Faktoren wird bei der industriellen Lebensmittelkonservierung mehr Augenmerk gelegt als auf die Gesunderhaltung und optimale Versorgung des Menschen. Es scheint wichtiger zu sein, von Natur aus kurzlebige Lebensmittel unter enormem Aufwand extrem lange haltbar zu machen, als den physiologischen, nährenden Effekt zu sehen.

Im Lauf von 75 Lebensjahren nimmt ein Mensch etwa 45.000 Kilogramm Nahrung und 50.000 Liter Flüssigkeit auf. Diese enorme Menge soll uns nähren und nicht schwächen.

Nur durch eine angepasste Ernährungsweise, hochqualitative Nahrungsmittel, die unsere Verdauungskraft individuell stärken, und eine achtsame Lebensführung können wir die Lebenskraft positiv steuern. Verdauungsprobleme, Adipositas, Herz-Kreislauf-Erkrankungen und dadurch eingeschränkte Lebensumstände hingegen verringern die Lebenskraft und dämpfen unsere Lebensgeister.

Wild fermentierte Lebensmittel sollten wieder vermehrt genossen werden.

Daher mein Appell, verschiedenste, bakterienreiche (gute Bakterien) und »lebende« Nahrungsmittel verzehren! Fermente sind ein Teil davon. Sie unterstützen uns, ein artenreiches, vielfältiges Mikrobiom im Darm anzulegen. Damit schaffen wir es, Stoffwechselvorgänge, das Immunsystem und weitere physiologische Funktionen zu verbessern und in Gang zu halten.

Nahrungsmittel, die unter wertschätzenden Bedingungen – sowohl für uns Menschen als auch für die Lebensmittel selbst – hergestellt werden, fördern die Lebenskraft und stärken die Lebensgeister.

Die Theorie …
Was ist Fermentation?

Was sind Fermente? Wir sprechen von vergorenen Lebensmitteln, sie sind unglaublich vielfältig und bereichernd. Und das alles in einer Welt ohne Sauerstoff!

Fermentation leitet sich vom lateinischen Wort »fermentum« ab, was Gärung bzw. Sauerteig bedeutet. Ah! Ja genau, Sauerteig! Mmh … Sauerteigbrot ist was Feines. Fermentation bietet aber noch viel mehr als das.

Basis für jede Art der Fermentation sind Bakterienkulturen. Kultur? Es stammt vom lateinischen Begriff »cultura« ab, das wiederum von »colere« (den Acker bestellen) herrührt. Die Kultivierung des Bodens, der Pflanzen, Tiere, Pilze und Bakterien ist ein essenzieller Bestandteil unserer Kultur. Bakterielle Fermentierungsprozesse sind Teil der Zusammenhänge allen Lebens. Ohne bakterielle Partner, ohne Mikrobiom könnten wir nicht funktionieren und würden so nicht existieren.

Die Fermentation als älteste veredelnde Lebensmittelverarbeitung der Menschheitsgeschichte ist in unserer modernen Gesellschaft in Vergessenheit geraten. Vielen sind lediglich Sauerkraut oder Sauerteig ein Begriff. Erst in jüngster Zeit wurde Fermentation wieder zum Thema. Zum Glück, kann ich nur sagen – für unsere Gesundheit!

Die meisten Fermentierungsverfahren für Speisen und Getränke sind uralte Rituale. Als jedoch Erdkeller und kühle Vorratskammern von Kühlschränken abgelöst wurden und parallel dazu den Bakterien der Krieg erklärt wurde, wurde die Lebensmittelkonservierung größtenteils an die Industrie abgegeben.

Heutzutage werden wir dazu erzogen, Bakterien als Feinde zu sehen. Die Vorstellung, Lebensmittel außerhalb des Kühlschranks zu lagern, um Bakterien wachsen zu lassen, verursacht Angst. Das ist auch teilweise gut nachzuvollziehen, denn viel altes Wissen ging verloren und durch unachtsames Hantieren mit Lebensmitteln kann man sich durchaus gesundheitlich in Gefahr bringen.

Das Prinzip der Fermentation ist einfach, auch wenn es sich kompliziert anhören mag: Mikroorganismen wie Pilze, Bakterien oder Hefen verstoffwechseln Nährstoffe aus Lebensmitteln.

Louis Pasteur prägte den Ausdruck: »Fermentation ist das Leben ohne Luft.«

Doch während sterilisierte, industriell verarbeitete Nahrungsmittel unserem Mikrobiom die Möglichkeit der genetischen Stimulation nehmen, sind Lebensmittel mit lebenden Kulturen ein Teil unseres menschlichen Vermächtnisses. Kultur ist Kultivierung, ein zyklisch fortlaufender Prozess, der über Generationen weitergegeben wird. Ähnlich dem Sauerteig, der in Bäckerfamilien immer wieder genährt und weitergereicht wird.

Bevor wir in die Praxis starten, nun noch etwas Theorie.

Fermentierung ist das natürlichste und älteste Phänomen: Noch ehe die Atmosphäre unserer Welt eine ausreichende Sauerstoffsättigung bieten konnte, waren anaerobe Bakterien die ersten und einzigen Bewohner. Diese Bakterien schufen alle lebenswichtigen Systeme. Sogar für unsere Fortpflanzung ist Fermentierung notwendig. Unter anderem sondert die weibliche Vagina Glykogen ab. Eine eigenständige Population von Laktobazillen hilft mit, dass dieses Glykogen in Milchsäure fermentiert wird. Das saure Milieu schützt die Vagina vor krankheitserregenden Bakterien.

In der Biologie bzw. Biotechnologie bezeichnet Fermentation die Umwandlung organischer Stoffe in Säure, Gase oder Alkohol.

Dies geschieht durch den Zusatz von Enzymen bzw. durch Mikroorganismen, die bereits natürlich auf den Ausgangsstoffen vorhanden sind. Biologen verwenden den Begriff Fermentierung für den anaeroben – also sauerstofflosen – Stoffwechsel, zur Energiegewinnung aus Nährstoffen.

Fermente sind so wunderbar verschieden

Alle Lebensmittel sind von unterschiedlichsten Mikroorganismen besiedelt, daher gibt es auch verschiedene, oft parallel oder hintereinander verlaufende Fermentationen. Beispiele dafür sind:

- Sauerteig: Hefen und Milchsäurebakterien.
- Kakao: Hefen, Milchsäurebakterien und Essigsäurebakterien.
- Bier: Hefen und Milchsäurebakterien.
- Kaffee: Enzyme lösen die klebrige Restschicht ab, die die Pergamenthaut der Kaffeebohnen überzieht, und sorgen dadurch für individuelle Aromen.

- Soja: In Japan hat die Fermentation von Soja Tradition. Sowohl Miso als auch Natto (alkalische Fermentation) haben einen hohen Stellenwert in der asiatischen Lebensmittelkultur.

Alkohol ist ein Ferment

Ja! Alkohol wurde als erstes fermentiertes Produkt von den Menschen hergestellt. Sagen wir, es passierte einfach spontan, denn zuckerhaltige Lebensmittel wie Honig, Früchte und Pflanzensäfte wandeln Glukose durch Hefen spontan in Alkohol um, da braucht es nichts weiter dazu.

Bakterien und Hefen sind durch bloßes Waschen von Lebensmitteln nicht komplett zu entfernen. Die Wildhefen vermehren sich und bilden aus dem Zucker der Flüssigkeit Alkohol. Da hier der Zeitpunkt der Natur überlassen wird, spricht man von einer Spontangärung. Diese nutzen vor allem Bio-Winzer und erzeugen sogenannte Naturweine (Natural Wines) ohne Zusätze. Zuchthefen werden erst seit dem 20. Jahrhundert zur Weinherstellung verwendet, um den Gärungsprozess steuern zu können.

Weltweit verbreitet sind auch alkoholische Getränke, die aus fermentiertem Getreide hergestellt werden. Am bekanntesten in unseren Breiten ist das Bier. Getreide neigt eher zur Bildung von Säure als zur alkoholischen Gärung. Daher müssen bei Getreide die komplexen Kohlenhydrate zuerst von Enzymen in einfache Zucker zerlegt werden. Bei Bier erhält man diese Enzyme durch das Keimen des Getreides. Hingegen nützt man in der asiatischen Tradition zur Herstellung von Alkohol aus Reis, Hirse und anderen Getreiden Enzyme von bestimmten Schimmelpilzen. In Südamerika und Afrika bedient man sich wohl der ältesten Tradition: menschliche Spucke – das Getreide wird gekaut.

In der industriellen Herstellung wird für eine kontrollierte Fermentation mit Starterkulturen gearbeitet. Mit sogenannten Reinzuchtzellkulturen wird der Vergärungsprozess gestartet.

Fermentation von Fisch und Fleisch

Wusstest du, dass eingelegte Matjes, Salami und Fischsoßen durch Fermentation hergestellt werden?

Matjes sind vor der Geschlechtsreife von Mai bis Ende Juni gefangene Heringe, mit einem relativ hohen Fettgehalt. Die Kiemen werden entfernt. Teile des Darms und vor allem die enzymhaltige Bauchspeicheldrüse bleiben, da diese fischeigenen Enzyme zur Fermentation genutzt werden. Die Matjes werden in Salzlake, traditionell in Eichenfässern, eingelegt.

Die hierzulande bekannte thailändische Fischsoße ist eine traditionell fermentierte Soße. Im antiken Griechenland wie auch im Römischen Reich wurde eine ähnliche Soße unter dem Namen Garum bzw. Liquam hergestellt. Basis dafür waren Fischinnereien der Makrele, Sardinen, Salz und Gewürze. Die Herstellung wurde aufgrund des Gestanks im Stadtgebiet verboten. Mittlerweile erhält man sie wieder.

Im Englischen werden Rohwürste nicht als »raw sausages«, sondern als »fermented sausages« bezeichnet. Salami ist so eine Wurst. Zucker ist ein wesentlicher Bestandteil bei der Produktion von Rohwürsten, er ist das »Futter« für die Milchsäurebakterien, die zur Milchsäureproduktion Kohlenhydrate benötigen. Oft werden fermentierte Rohwürste zusätzlich geräuchert, um Schimmelbildung zu verhindern.

Ist Essig ein Ferment?

Essig ist per definitionem eigentlich kein Ferment, da es dafür Sauerstoff benötigt. Da aber »Essigsäuregärung« ein gefestigter und landläufig viel benutzter Begriff ist, wird Gärung in diesem Zusammenhang auch weiterhin so verwendet. Essigsäurebakterien produzieren dabei mit Sauerstoff aus Alkohol Essig. Essiggeruch kann man auch bei Sauerteig manchmal wahrnehmen – das passiert dann, wenn der Sauerteig zu kalt gestellt war.

Sauerteig

Sauerteigbrot ist ein magisches Duft- und Geschmackserlebnis. Der Duft von frisch gebackenem Brot weckt unsere Sinne, und Sauerteig ist so einfach herzustellen, denn er braucht nur zwei Zutaten: Mehl und Wasser.

Wildhefen und Milchsäurebakterien, die sowohl in der Luft als auch im Schrot des Getreides enthalten sind, ermöglichen eine Spontangärung. Das unterscheidet Natursauerteig von Reinzuchtsauerteig, dem spezielle Bäckerhefe zugesetzt wird.

Sauerteig säuert nicht nur, sondern lockert auch den Teig, macht das Brot verdaulicher und gibt eine unglaubliche Aromenvielfalt. Es ist fast eine zauberhafte Kettenreaktion, die bereits bei der Teigführung beginnt: Stärke wird in Maltose gespalten > die Hefen vergären die Maltosen direkt zu Alkohol und Kohlendioxid > die Milchsäurebakterien bauen Maltose zu Milchsäure, Essigsäure, Alkohol und Kohlendioxid ab. Und zu guter Letzt verdampft der Alkohol beim Backen und das Kohlendioxid vergrößert das Teigvolumen.

Das Verhältnis von Milchsäure und Essigsäure beeinflusst den Geschmack des Sauerteigbrots – und da dieses Verhältnis immer wieder anders ist, schmeckt selbst gebackenes Brot auch immer wieder anders.

SAUERTEIG SELBST GEMACHT

Zutaten:
250 g Bio-Roggenmehl Type 960,
300 g lauwarmes Wasser

Ein hohes, schmales (Einmach-)Glas (ca. 1 Liter) unter fließendem Wasser ohne Spülmittel und Seife waschen. 50 g Roggenmehl und 60 g lauwarmes Wasser in dem Glas mit einer Gabel zu einem Brei verrühren. Den Deckel locker auflegen und einen Tag – 24 Stunden – an einem warmen Ort (24–28 °C) reifen lassen.

Dann gibst du vier Tage lang alle 12 bis 24 Stunden wiederum je 50 g Mehl und 60 g lauwarmes Wasser dazu und verrührst den Brei. Wenn sich der Sauerteig luftig und schaumig aus dem Glas erhebt, ist er backfertig.

Ideal für die Sauerteigreifung sind Temperaturen zwischen 24 und 28 °C, da sich hier hauptsächlich Hefen bilden. Suche den wärmsten Ort im Haus. Wenn es kühler ist (20–25 °C), bildet sich vermehrt Essigsäure, das merkt man dann auch am Geruch. Genau genommen ist das Ergebnis immer von den Bakterien im Mehl, Wasser und in der Luft abhängig. Dein Sauerteig wird nie gleich sein … er lebt.

ROGGENGEWÜRZBROT

Zutaten:
55 g Wasser, 500 g Roggensauerteig, 10 g Hefe – zur Unterstützung, wenn der Sauerteig noch recht jung ist, 240 g Roggenmehl, 1,5 TL Salz, je 1 TL Anis, Kümmel, Koriander und Fenchel, gemörsert, 20 g weiche Butter

Alle Zutaten verkneten und 30 Minuten ruhen lassen. Dann den Teig auf eine stark bemehlte Arbeitsfläche geben und erst mit der Teigkarte von allen Seiten zur Mitte hin einschlagen. Bemehlen und mit den Händen zu einem runden Teigling formen. Diesen mit dem Schluss nach oben in ein bemehltes Gärkörbchen setzen. Erneut bemehlen, mit einem Geschirrtuch zudecken und circa 2–3 Stunden an einem warmen Ort (ca. 24 °C) reifen lassen.

Rechtzeitig einen Pizza- oder Backstein auf den Backofenrost legen und im unteren Drittel des Backofens auf maximale Temperatur (ca. 250 °C) vorheizen. Zusätzlich einen kleinen Topf auf den Boden des Backofens stellen.

Nach der Reifezeit den Teigling auf ein Stück Backpapier stürzen, sodass die glatte Seite oben ist, mit Mehl bestäuben und mit einem scharfen Messer ein Muster einritzen oder mit etwas Wasser Salbeiblätter »ankleben«.

Den Teigling auf den heißen Stein setzen und 50 ml Wasser in den Topf schütten. Das sogenannte Schwaden sorgt für ein krosse Kruste. Backofen sofort schließen, damit der Dampf nicht ent-

weicht, und das Brot 10 Minuten bei voller Hitze backen. Dann den Backofen kurz öffnen, damit der Dampf wieder heraus kann, und rasch schließen. Temperatur auf 200 °C reduzieren und das Brot 35–40 Minuten fertig backen.

Das frisch gebackene Brot auf einem Gitter abkühlen lassen. Danach in ein Leinentuch wickeln und am nächsten Tag anschneiden.

Sauermilch, Joghurt & Co.

Saure Milch? Ja, naturbelassene Milch wird sauer. Das ist nicht vergleichbar mit der Milch, die wir aus dem Supermarkt kennen und zu lange stehen lassen. Sauermilch, auch Dickmilch, Setzmilch oder Stockmilch genannt, ist geronnene edelsaure Milch, die durch eine natürliche Milchsäuregärung von Rohmilch passiert.

Sauermilchprodukte wie Joghurt gehören zu den ältesten bekannten Milchprodukten. Die Menschen bemerkten sehr bald, dass mit Bakterien versetzte Milchprodukte länger haltbar sind als frische Milch. Wann und von wem Joghurt zuerst hergestellt wurde, ist nicht eindeutig belegt. Sowohl nomadische Völker in Zentralasien als auch die Urbevölkerung der Balkanhalbinsel werden mit der Kunst der Joghurtbereitung in Verbindung gebracht.

Das cremige, dickliche Joghurt entsteht durch Milchsäuregärung: Milchsäurebakterien wandeln bei warmen Temperaturen einen Teil des Milchzuckers in Milchsäure um. Laktose wird in Laktat umgewandelt, und das Eiweiß der Milch gerinnt. Auf diesem einfachen Prinzip basiert die Joghurtherstellung.

Diese Spontangärung wurde mittlerweile fast ausschließlich durch Reinzuchtkulturen abgelöst: Bei der Herstellung von fermentierten Milchprodukten wie z. B. Sauermilch, Joghurt, Kefir und Buttermilch wird pasteurisierte Milch mit Starterkulturen der Milchsäurebakterien geimpft.

Die traditionelle Herstellung dieser Produkte aus Rohmilch, bei dem sich die Milchsäurebakterien aus der Luft angesiedelt und auf natürliche Weise vermehrt haben, gibt es kaum mehr. Grund sind gesetzliche Vorgaben, die den Verkauf von Rohmilch an weiterverarbeitende Betriebe unterbunden haben. Dennoch gibt es da und dort Initiativen, die mit Rohmilch weitestgehend naturbelassene Milchprodukte herstellen.

JOGHURT SELBST HERSTELLEN – LEICHT GEMACHT

Es braucht vier Faktoren für selbst gemachtes Joghurt:

1. **Milch** … Jede Milch, Kuh-, Ziegen- oder Schafmilch, eignet sich für die Joghurtzubereitung. Je cremiger und fester du das Joghurt haben möchtest, umso höher sollte der Fettgehalt der Milch sein. Vor der Weiterverarbeitung aufkochen, um mögliche Fremdkeime abzutöten.
2. **Starterkultur** … Die Milch benötigt lebende Bakterienkulturen. Verwende dafür am besten Bio-Naturjoghurt. Auch Fermentpulver, das in Reform- oder Naturkostläden erhältlich ist, passt.
3. **Wärme** … Milchsäurebakterien mögen es sehr warm, 43–45 °C sind optimal.
4. **Ruhe** … Joghurt benötigt während der Fermentationszeit (7–9 Stunden) ausreichend Ruhe. Auch wenn du noch so neugierig bist, schaue weder nach noch schüttle oder rüttle die Gläser.

Wer stichfestes Joghurt haben möchte, fügt noch 2–3 Esslöffel Magermilchpulver hinzu.

Zubereitung im Backofen:

Den Backofen auf 50 °C erhitzen. Um die Temperatur zu prüfen, ist es ratsam, ein Bratenthermometer zu Hilfe zu nehmen. 5 leere und sterile Twist-off-Gläser (à ca. 250 ml) im Backofen vorwärmen.

1 Liter Milch in einem Topf kochen und dann auf 45 °C abkühlen lassen. Die Temperatur am besten mit einem Speisethermometer kontrollieren. Anschließend 150 g Naturjoghurt oder 1 Beutel Joghurt-Fermentpulver mit dem Schneebesen einrühren. Diese »geimpfte« Milch in die Gläser füllen, verschließen und in den warmen Backofen stellen. Nach 30 Minuten den Backofen

ausschalten und die Gläser 7–9 Stunden im Ofen ruhen lassen. Den Backofen in dieser Zeit nicht öffnen, gönne deinem Joghurt Ruhe und Wärme! Anschließend die Gläser in den Kühlschrank stellen, das selbst gemachte Joghurt dickt noch nach.

Neben dieser Variante, die ohne weitere Hilfsmittel auskommt, gibt es im Handel auch Joghurtmaschinen, die mit einer Temperaturregelung ausgestattet sind.

Genieße dein Joghurt immer temperiert – mit Ingwer, Pfeffer, Kräutern, Honig, Zimt oder anderen erwärmenden Gewürzen.

Ein Fass voll Sauerkraut

Sauerkraut ist wilde Fermentation pur. Kennst du das Sauerkrautfass von Witwe Bolte? Es stand im Keller. Lagerkeller waren früher obligat. Jeder, na ja, fast jeder hatte einen. Ein gut funktionierender Lagerkeller sorgt über den Winter für frische Karotten, Rüben, Knollengemüse und – Sauerkraut. Er zeichnet sich durch ein kühles und minimal feuchtes Klima aus. Der Temperaturbereich geht übers Jahr von 7–18 °C (im Winter sinkt die Temperatur auf 7 °C und am Ende des Sommers steigt sie auf maximal 18 °C).

Wenn man bedenkt, dass Sauerkraut früher nur zu einem ganz bestimmten Zeitpunkt hergestellt wurde, ist das genial. Ernte und Sauerkrautproduktion gingen Hand in Hand. Die Krautköpfe wurden vom Feld geholt, gehobelt und dann ins Sauerkrautfass, das seinen festen Platz im Keller hatte, eingestampft. Zu diesem Zeitpunkt war es im Keller warm genug, um die wilde Fermentation in Gang zu bringen. Da im Winter die Temperatur abfiel, wurde die Gärung langsam gebremst. Bis das ganze frische Gemüse der Saison aufgebraucht war, war das Sauerkaut fertig. Einfach genial!

Für eine Fermentation in einem üblichen modernen Haushalt, in dem es solche Lagerkeller nicht mehr gibt, bestehen nun andere Möglichkeiten. Dazu dann später mehr.

Warum blubbert es im Glas?

Wilde Fermentation ist Natur pur. Es handelt sich um eine Milchsäuregärung, auch Lakto-Fermentation genannt, die ausschließlich durch die auf den Lebensmitteln vorkommenden Milchsäurebakterien funktioniert. Es werden keine Starterkulturen benötigt, lediglich unraffiniertes Salz oder Salzlake beschleunigen den Prozess.

Die Milchsäurebakterien wandeln die im Gemüse enthaltenen Kohlenhydrate in Milchsäure und Kohlendioxid um – der pH-Wert sinkt und ein saures Milieu entsteht. Kohlendioxid verdrängt den im Glas enthaltenen Sauerstoff – und ein anaerobes Milieu, in dem sich die »guten« Bakterien wohlfühlen, wird geschaffen. Das verhindert das Verderben des Gemüses und bringt den typischen Geschmack mit sich.

Fixpunkte für die wilde Fermentation:

- Milchsäurebakterien
- Kohlenhydrate
- Temperaturen von 18–23 °C
- Sauerstoffverdrängung

So weit die Theorie: Gut vorstellen kann man sich das als eine Art Verdauung. Die Milchsäurebakterien knabbern die Kohlenhydrate an und verdauen diese, dabei blubbert es und die Lake wird trüb. Richtig viel Spaß und einen besonderen Genuss haben die kleinen Mikroben, wenn es auch eine angenehme Raumtemperatur hat.

Blubbern für die Lebensgeister in 9 Schritten zu mehr Vitalität und einen frohen Darm

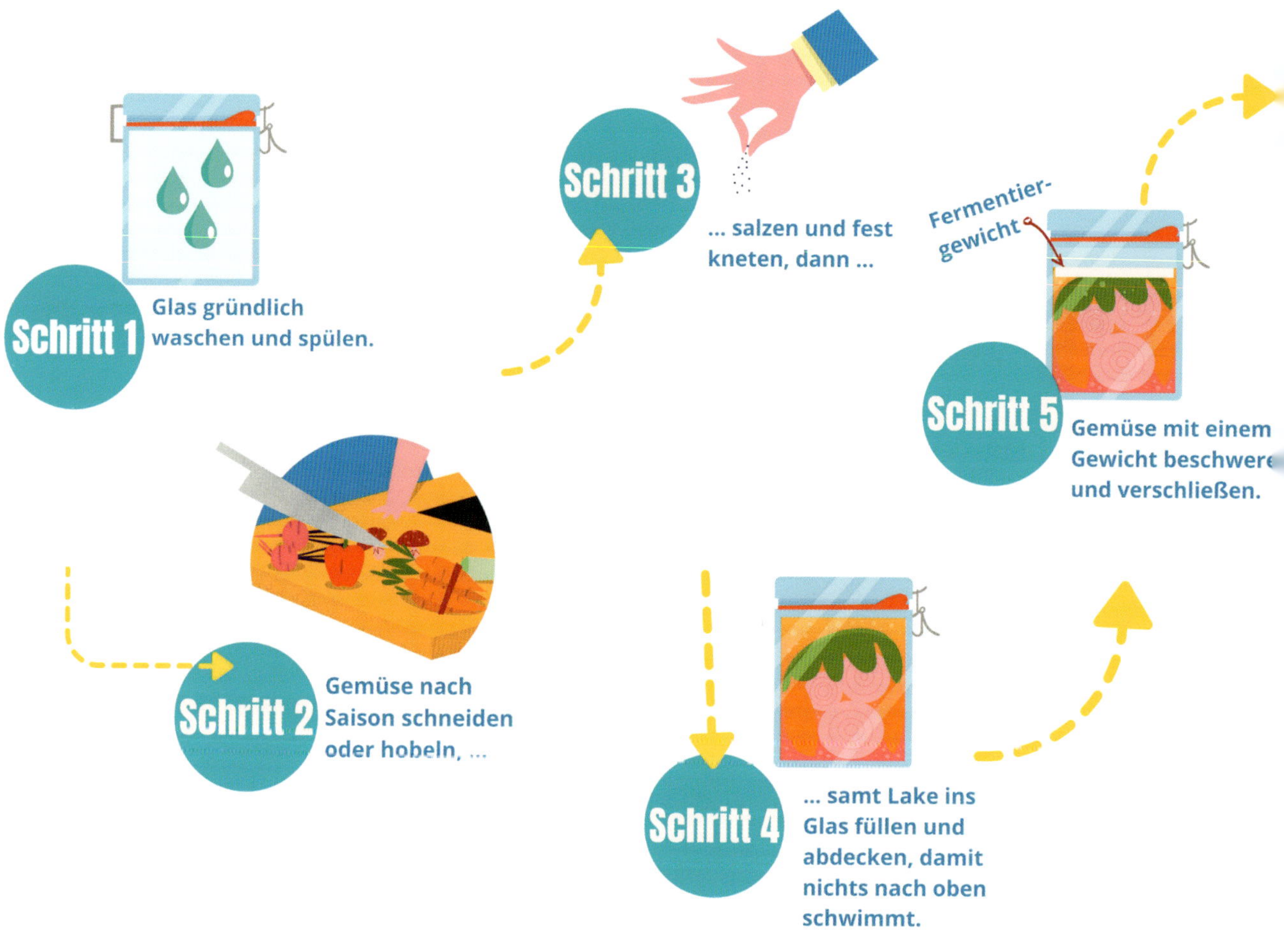

Schritt 6

Glas auf einen Teller stellen, zudecken und die Mikroben arbeiten lassen.

Schritt 7

Nun passiert es!
Die Mikroben "nagen" an den Kohlenhydraten und verdauen. Kohlendioxid verdrängt den Sauerstoff aus dem Glas - das Gemüse wird sauer.

Schritt 8

... verkosten mit allen Sinnen.

Schritt 9

Wenn dein Ferment deinem Empfinden nach fertig ist, ist es bereit für dein Mikrobiom.

Die Praxis – Wilde Fermentation ist kaltes Kochen

Es ist einfacher, als du denkst: Gemüse, Salz und ein Glas – und etwas Zeit und Geduld. Mehr ist es nicht. Wirklich!

Hab keine Scheu – Fermentieren ist einfach, macht Spaß und sorgt für Lebenskraft. Wilde Fermentation ist die einfachste Methode, um Gemüse haltbar zu machen und es gleichzeitig noch gesundheitlich und geschmacklich zu veredeln.

Braucht man bei anderen Küchentechniken Feuer, Gas oder Strom, so ist bei der Fermentation bloß Muskelkraft gefragt. Ja, es ist Kochen ohne zusätzliche Energie, daher nennt man es auch kaltes Kochen.

Was brauchst du? Die Basis ist denkbar einfach: hochwertiges Gemüse, bevorzugt aus biologischer Landwirtschaft, naturbelassenes Salz und sauberes Wasser. Das ist es auch schon im Prinzip! Ein paar Details noch und du kannst gleich loslegen.

Was brauchst du noch? Geduld! Ja, denn es dauert, bis die Fermente fertig sind. Gemacht sind sie schnell, aber die Gärung dauert unterschiedlich lange und diese Zeit musst du deinen Fermenten schon lassen. Also Slow Food pur.

Geschirr zum kalten Kochen

Im Grund benötigt man zum Fermentieren kein Spezialwerkzeug. Ein Brett, gutes und scharfes Schneidwerkzeug – ein Messer oder manchmal einen Gemüsehobel –, Schüsseln, Geschirrtuch und Küchenwaage reichen aus.

Wenn du auf Nummer sicher gehen willst, leg dir noch schnittfeste Handschuhe zu. Sicher ist sicher, und so kannst du bis auf das kleinste Stück Gemüse alles hobeln.

Fürs Einfüllen braucht es Gärgefäße, Stampfer und Gewichte.

Bis auf die Gärgefäße sind das alles Utensilien, die sich in einer gut sortierten Küche auf jeden Fall finden lassen.

Einzig zu beachten ist, dass alle Utensilien, die mit den Fermenten in Berührung kommen, säurebeständig und lebensmittelecht sein sollen. Daher ist es empfehlenswert, weder Metall noch Plastik während des Fermentationsprozesses zu verwenden.

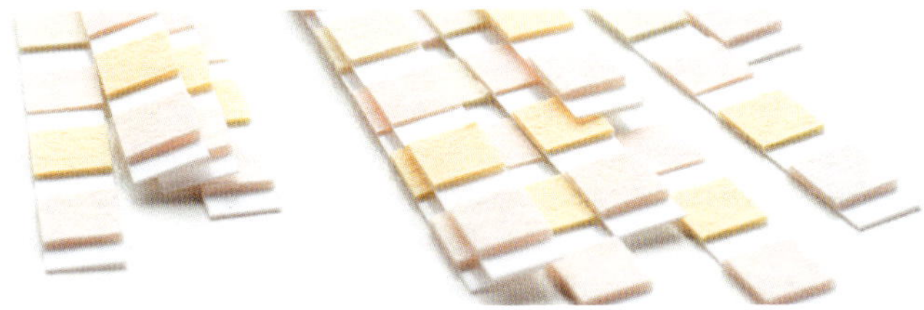

Zur Kontrolle, ob dein Ferment sauer genug ist, leisten pH-Wert-Teststreifen gute Dienste. Du bekommst sie in der Apotheke.

Traditionelle Keramikgärtöpfe …

… bewähren sich seit Jahrhunderten. Die Glasur des Gärtopfs darf keine Risse haben und muss bleifrei sein. Alte Gärtöpfe sind möglicherweise mit einer bleihaltigen Glasur überzogen worden. Wenn du dir nicht sicher bist, nimm Omas Gärtopf als Deko und kaufe einen neuen oder verwende Bügelgläser. Bei Gärtöpfen prüfe praktischerweise das Füllvolumen, denn ein voller Topf sollte auch bewegt werden können. Ein 7,5-l-Topf wiegt gefüllt ca. 15 kg, das musst du schon stemmen können. Gärtöpfe haben den Nachteil, dass sie pflegeintensiv sind und auch mehr »duften« als Gläser mit Gummidichtung.

Das Prinzip eines Gärtopfs ist recht simpel: In die Wasserrille wird Wasser eingefüllt, der Deckel aufgelegt und dadurch kann kein Sauerstoff mehr in den Topf eindringen. Über die Wasserrille kann CO_2 entweichen. Die Fehlerursachen liegen meist darin: Wenn der Deckel abgenommen wird, kann Wasser aus der Wasserrille in den Topf gelangen. Das Gemüse würde dadurch mit fremden Bakterien kontaminiert und könnte schimmeln. Man muss jedoch immer schauen, ob noch Wasser in der Rille ist, denn es verdampft auch.

Keramikgärtöpfe sind hübsch, aber auch tricky.

Gläser mit Gummidichtung …

… sind ideal fürs Experimentieren, kleine Mengen und kleine Haushalte.

Eine sehr einfache Methode ist das Fermentieren in Gläsern mit Gummidichtungsring (entweder Bügelgläser oder Weck- bzw. Rexgläser). Dies ermöglicht nur kleine Mengen zu fermentieren sowie zu experimentieren. Denn sollte trotz allem mal eine Fehlgärung passieren oder es nicht schmecken, hält sich der Schaden in Grenzen. Und das Geniale: Im Vergleich zum Sauerkrautfass riechen die Fermente erst, wenn man die Gläser wieder öffnet – ideal also für Wohnungen, und man sieht, was drinnen ist und was sich gerade tut.

Die Anwendung der Einmachgläser ist denkbar einfach: Gummidichtung anbringen und das Glas bis zu einem Rand von 2–3 cm befüllen. Abdeckung und Gewicht darauflegen und das Glas verschließen. Durch die Gummidichtung können CO_2 und O_2 entweichen, aber es kann kein neuer Sauerstoff eindringen. Eine Fehlgärung ist so gut wie ausgeschlossen.

Da die Vorteile bei diesen Gläsern überwiegen, sind auch die Rezepte im Buch darauf aufgebaut. Ich bin einfach überzeugt davon!

Bügelgläser und Weck- bzw. Rexgläser sind gegenüber anderen Systemen günstig und bereits um rund 3 bis 6 Euro zu haben – einzig auf die Qualität ist zu achten. Gute Bügelgläser meiner Wahl sind zum Beispiel Gläser von der italienischen Firma Bormioli Rocco (Fido-Sortiment), von der steirischen Firma Etivera, vom französischen Hersteller Le Parfait und von der deutschen Firma Noelle + von Campe. Und auch im schwedischen Möbelhaus gibt es gute Bügelgläser made in Germany und made in Austria.

Verwende am besten Gläser, die fürs Einkochen geeignet sind. Diese bekommst du in Geschäften für Küchenbedarf und auch in Einrichtungshäusern. Wichtig ist die Gummidichtung, ob diese weiß oder orange ist, ist egal. Wenn sie allerdings leicht durchscheinend ist, handelt es sich um eine Silikondichtung – Finger weg davon, eine Fehlgärung ist vorprogrammiert. Solche Gläser besser für Mehl und Zucker verwenden.

Hochwertige Bügelgläser – mein persönlicher Favorit.

Das Prinzip des Bügelglases besteht darin, dass Sauerstoff entweichen und kein neuer eindringen kann.

Ich bleibe bei den Bügelgläsern, damit habe ich bislang die besten Erfahrungen gemacht – und meinen hübschen Keramiktopf verwende ich als Rumtopf.

Andere Glassysteme

Mittlerweile gibt es viele Gläser mit speziellen Fermentiersystemen. Einige davon arbeiten mit Silikondeckeln – hier kann aber

Sauerstoff eindringen und sie sind vergleichsweise teuer. Gläser mit Gärspundsystemen – kleine Röhrchen, die im Deckel von Schraubgläsern befestigt werden – haben den Vorteil, dass CO_2 entweichen und kein Sauerstoff in das Glas einströmen kann. Diese Gärspunde sind nützlich, aber nicht unbedingt notwendig.

Stampfer gibt es viele, du findest bestimmt etwas Passendes in deinem Küchenschatz.

Stampfer … erspart Kraft

Ob Sauerkraut- oder Erdäpfelstampfer, ein Stößel erleichtert das mühsame Kneten bei frischem Kraut und sorgt dafür, dass das geschnittene Gemüse gut ins Glas gepresst werden kann. Damit bleibt so viel wie möglich von der Lake oben und es entstehen keine Lufteinschlüsse. Stampfer kann man auch gut durch eine Teigrolle oder einen anderen Holzstößel oder einfach durch die eigene Faust ersetzen. Wenn man die eigenen Hände verwendet – wunderbar! –, zuvor natürlich gründlich waschen und dann das Gemüse mit den eigenen, individuellen Bakterien »personalisieren«.

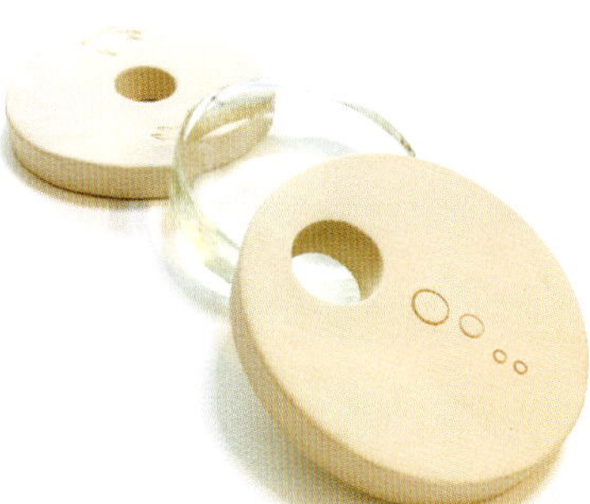

Fermentiergewichte, um der Kraft entgegenzuwirken.

Abdeckung und Gewichte …

… sind wichtig, damit alles gut unter der Lake ruht! Wie sagte Louis Pasteur: »Fermentation ist das Leben ohne Luft.« Um also das Gemüse vor allem im ersten Abschnitt der Fermentation unter der Lake zu halten und einen anaeroben Prozess zu gewährleisten, sind eine passende Abdeckung und Gewichte erforderlich. Denn das sich entwickelnde CO_2 hat eine enorme Kraft und drückt das Gemüse nach oben. Es gilt also, den Auftrieb von klein geschnittenem Gemüse, Kräutern und Gewürzen an die Lakenoberfläche zu verhindern.

Ideale Abdeckungen sind etwa große Krautblätter, Salatblätter, aber auch Zwiebel-, Orangen-, Zitronen- und Selleriescheiben eignen sich gut.

Um zu vermeiden, dass sich Sauerstoffnester bilden oder Gemüsestücke an die Oberfläche treiben, braucht es Gewichte. Es gibt professionelle Fermentiergewichte aus Keramik und Glas, die teils mit einem Loch zum Herausnehmen versehen sind. Doch sei erfinderisch – auch Glas und Keramikteller eignen sich.

Was man schließlich als Gewicht verwendet, hängt auch von der Größe des Glases ab. Mehr Gemüse entwickelt mehr CO_2. Bei Keramikgärtöpfen sind meist passende Keramikgewichte im Set dabei. Auch mit Wasser gefüllte, verschlossene Schraubgläser und spezielle Steine (z. B. Granit) eignen sich als Gewichte. Bei Steinen ist allerdings Vorsicht geboten, sie haben oft einen hohen Kalkanteil, der nicht säurebeständig ist.

Zur Beschwerung und Abdeckung eignen sich nur säurebeständige lebensmittelechte Gegenstände. Also bei allem Erfindungsreichtum – keine Souvenirs, Glasmurmeln, Zipper-Bags (Reißverschlussbeutel) oder Ähnliches verwenden! Wenn du öfter fermentierst, lohnt es sich, ein paar Euro in eigens dafür produzierte Gewichte zu investieren. Es erhöht auch den Spaßfaktor.

Untersetzer … damit alles sauber bleibt

Je nach CO_2-Aktivität und Füllhöhe kann während der Gärung auch Lake austreten. Um dabei die schöne Arbeitsplatte oder das Regal nicht zu beschmutzen oder gar zu beschädigen, hilft es, wenn du das Glas auf einen Teller stellst.

Notizbuch … für die schönsten Blubbermomente

Wie wär's mit einem kleinen Notizbuch? Gerade bei den ersten Versuchen ist es einfach schön und gut, aufzuschreiben, was man wann und wie fermentiert hat; woher das Gemüse kam; welches Salz man benutzte; wie die Temperatur war; wie es geschmeckt hat und vieles mehr.

… um alle »W's« festzuhalten

Was hat es mit dem Salz auf sich?

Das Salz hat zwei wesentliche Aufgaben: Sicherheit und Geschmack. Die Fermentation beginnt schneller und sicherer – und der typisch saure, aromatische Geschmack entwickelt sich. Das Salz hat eine bewundernswerte Eigenschaft: es wirkt selektiv. Zu Beginn verhindert es das Wachstum unerwünschter Bakterien und später ermöglicht es das Wachstum der wertvollen Milchsäurebakterien.

Salz fördert das Wachstum der »guten« Bakterien.

Salz bildet die Grundlage für die notwendige Lake, in der das Gemüse durch die Milchsäurebakterien fermentiert. Es entzieht dem Gemüse Zellwasser und verbessert die Konsistenz des Gemüses – es verhärtet das Pektin der Pflanzenzellen, die dadurch stabil und knackig bleiben.

Die Salzmenge ist abhängig von der Gemüsesorte. Weiches Gemüse, das leicht matschig wird, benötigt mehr Salz als beispielsweise stark fasriges Gemüse wie Karotten.

Man neigt dazu, aus gesundheitlichen Gründen generell weniger Salz zu verwenden. Das ist gut so, aber bitte spare einfach bei solchen Lebensmitteln, wo viel Salz nicht unbedingt nötig wäre. Brot beispielsweise – über Brot und Gebäck nehmen wir das meiste versteckte Salz zu uns.

Wenn du beim Fermentieren an Salz sparst, wird das Gemüse weicher und es kann zu Fehlgärungen führen.

Auch die Temperatur hat einen Einfluss auf die Salzmenge. Bei höheren Umgebungstemperaturen, z. B. im Sommer, erhöht man die Salzzugabe. Doch gut zu wissen ist es, dass zu viel Salz die Milchsäurebakterien hemmt – dies gilt es unbedingt zu vermeiden.

Um dir ein Gefühl zu geben, welchen Einfluss die Salzmenge hat, findest du hier einen kurzen Überblick. Er bietet dir beim freien Experimentieren schon mal einen Anhaltspunkt:

- 10 % Salz schließt viele Mikroorganismen aus. Beim Pökeln nutzt man diese Eigenschaft, ebenso bei diversen Gewürz- und Gemüsepasten, die nicht zusätzlich gesäuert werden.
- 2–6 % Salzgehalt lässt eine milchsaure Vergärung zu, schließt aber manche Bakterienarten bereits aus.
- Bereits 0,8 % Salzgehalt verhindert eine alkoholische Gärung.
- Ohne Salz verfault Gemüse an der Luft. Das erkennt man gut, wenn man zum Beispiel Karotten schält und liegen lässt – sie beginnen zu oxidieren und verfärben sich.

Letztendlich entscheidet dein Geschmack über den Salzgehalt.

Salz ist nicht gleich Salz

Beim Fermentieren gilt für Salz das Gleiche wie für Gemüse: nur das Beste in der höchsten Qualitätsstufe verwenden, also unraffiniertes, mineralstoffreiches Stein- oder Meersalz ohne Rieselhilfen, Jodzusätze und sonstige Zusatzstoffe.

Es gibt sehr viele verschiedene Salzarten. Ja, manche treiben einen wahren Kult darum. Himalayasalz aus Pakistan, Meersalz von hier, Meersalzflocken von dort. Meine Empfehlung ist Steinsalz – aus ganz pragmatischen Gründen –, es ist quasi vor unserer Haustür zu finden. Gerade in Mitteleuropa – in Österreich, der französischen Schweiz, der norddeutschen Tiefebene und in Süddeutschland – gibt es das Bergkernsalz mit vielen Mineralien in hervorragender Qualität. Letztendlich ist es eine Art »Meersalz«, aber sehr altes Meersalz, etwa 250 Millionen Jahre alt. Es entstand beim Austrocknen der Urmeere. Auch heute noch wird es ähnlich wie zur Zeit der Kelten bergmännisch abgebaut, das macht es auch wesentlich teurer als raffiniertes Salz.

Salz ist generell nicht bio und hat kein Ablaufdatum. Beim Einkauf von Lebensmitteln achten wir auf bio. Logisch! Beim Salz ist das nicht relevant, es ist kein landwirtschaftlich hergestelltes Produkt und hat daher kein Bio-Siegel. Qualitätsunterschiede gibt es dennoch! Und sollte ein Mindesthaltbarkeitsdatum angegeben sein, kannst du das getrost ignorieren.

Dieses unbehandelte Steinsalz ist bei Weitem nicht so schön weiß wie das herkömmliche Speisesalz – kein Wunder, es enthält neben Natriumchlorid auch andere Salze und Mineralstoffe sowie Spurenelemente wie Mangan, Kupfer und Zink. Dadurch ist es oft rötlich, grau – und ja, wenn man es in Wasser für die Salzlake auflöst, bleibt

Raffiniertes Salz, was bedeutet das? Bei der Raffination – was im eigentlichen Sinne etwa Reinigung, Veredelung bedeutet, wird das Salz mehrfach gewaschen, gefiltert und erhitzt. Damit es später nicht klumpt, kommen Rieselhilfen (Aluminiumhydroxid) dazu.

immer ein feiner Sand zurück – Stein aus uralten Zeiten! Also ich finde, das hat etwas ganz Besonderes.

Um das naturbelassene Steinsalz mit dem wunderbaren Gemüse in Szene zu setzen und die wilde Fermentation so richtig anzukurbeln, unterscheiden wir im Prinzip zwei Techniken. Einerseits das Trockensalzen und andererseits die Laketechnik.

Der Unterschied führt oftmals zu Verwirrung, aber im Prinzip ist es ganz einfach:

Beim Trockensalzen berechnet man die Menge des Gemüses.

Bei der Laketechnik geht man von der Menge des Wassers aus.

Trockensalzen … dabei wird das Gemüse sehr saftig

Trockensalzen klingt »trocken«, ist es aber ganz und gar nicht. Diese Technik erklärt sich am besten in der Zubereitung von klassischem Sauerkraut. Das Kraut wird fein gehobelt und mit Salz so lange geknetet oder gestampft, bis Zellwasser austritt und somit genügend eigene Lake entsteht. Es ist anfangs unglaublich, wie viel Flüssigkeit dabei entsteht.

Wenn man knetfaul ist, kann man das mit Salz vermischte Kraut vorerst 30 bis 60 Minuten stehen lassen. In dieser Zeit bildet sich schon etwas Lake und man muss dann nicht mehr so kräftig kneten, damit sich genügend Lake bildet.

Für die Methode des Trockensalzens eignen sich neben Kraut auch beispielsweise Fenchel, Rettich und Paprika. Vor allem sind es die recht wasserreichen Gemüse, die man dafür verwendet.

Beim Trockensalzen berechnet man die Salzmenge auf Basis des Gemüsegewichts.

Für 1 Kilogramm küchenfertiges Gemüse:

Salzgehalt:	Salz in g:
2 %	20
3 %	30
4 %	40
…	…

Rein mathematisch stimmt das so natürlich nicht hundertprozentig, es ist aber eine gute Hilfe, um es einfach zu handhaben.

Wurzelgemüse mit einer festen Struktur eignet sich nicht für die Methode des Trockensalzens, es gibt kaum eigenes Zellwasser her.

Dafür eignet sich besser die Laketechnik – oder du kombinierst: Gemüse mit Salz kneten und etwas Salzlake zugeben.

Laketechnik – das Gemüse schwimmt in Salzwasser

Die Laketechnik wird angewendet, wenn grobstückiges Gemüse fermentiert wird oder wenn es mal schnell gehen muss und keine Zeit fürs Kneten bleibt – oder wenn man ganz bewusst fermentierte Lake benötigt, um Senf anzusetzen. Lake kann man auch wunderbar für Salatdressings oder erfrischende Sommergetränke verwenden.

Für diese spezielle Technik wird der Fermentation mit Salzwasser – Fermentistas nennen es Salzlake – nachgeholfen.

Was passiert dabei? Das Salzwasser dringt per Osmose in die Pflanzenzellen ein und startet so den Fermentationsprozess.

Als Basis werden einem Liter Wasser 20–25 g Salz beigefügt. Bei speziellem, wasserreichen Gemüse, wie etwa Gurken, nimmt man 50–60 g Salz.

Für 1 Liter Wasser:

Salzgehalt	Salz in g
2 %	20
3 %	30
4 %	40
…	…

Rein mathematisch stimmt das so natürlich auch nicht hundertprozentig, es dient aber der einfachen Handhabung.

Eine entscheidende Rolle bei der Laketechnik spielt die Wasserqualität. Glücklicherweise haben wir in Österreich, Deutschland und der Schweiz eine hervorragende Trinkwasserqualität.

Für das Salzwasser der Lake braucht es sauberes Leitungswasser ohne Chlorzusätze. Warum? Chlor wirkt antimikrobiell und tötet auch die essenziellen Milchsäurebakterien ab. Frag gezielt bei deinem Wasserlieferanten nach, ob Chlor eingesetzt wird. Wenn ja, dann ist es umso wichtiger, deine Darmflora wiederaufzubauen, denn Chlor stört auch die Darmflora.

Mischtechnik – so irgendwie dazwischen

Eine Mischung aus den beiden Techniken Trockensalzen und Laketechnik kommt bei der Herstellung von Kimchi zum Einsatz. Kimchi ist ein traditionelles Gemüseferment aus Korea, das mittlerweile weltweit bekannt ist. Chinakohl wird eingemacht, wie unser Sauerkraut für den Winter. In Korea gehört Kimchi praktisch zu jeder Mahlzeit – man isst es als eine Art kleinen Beilagensalat. Wenn du schon mal in einem koreanischen Lokal gegessen bist, kennst du es bestimmt. Es ist eine feurig-scharfe Angelegenheit – ein Feuerwerk an Schärfe und Aromen. In Korea hat jede Familie ihr eigenes Rezept, es gibt daher nicht das eine Rezept.

Bei der traditionellen Zubereitung von Kimchi werden die Chinakohlblätter 2–3 Tage in Salzwasser eingelegt und dann mit einer Gemüse-Gewürz-Mischung bestrichen, eingerollt, in Tontöpfen gestampft und beschwert gelagert.

Wie ein »Steirisches Kimchi« im Bügelglas funktioniert, findest du weiter hinten bei den Rezepten.

Gewürze und Zucker

Gewürze sind in der TEM essenziell, um die Säfte im Körper zu bewegen.

Gewürze sind eine Wohltat für den Magen, für die gesamte Verdauung – sie bringen Bewegung in deine Mahlzeiten. Ich meine jetzt weder Marathonlauf noch Stabhochsprung – wobei einige Gewürze ganz Grandioses leisten. Gewürze »bewegen« unsere Mahlzeiten so, dass sie für uns gut verdaulich und verträglich sind – sie unterstützen die Organe, die notwendigen Enzyme und Verdauungssäfte bereitzustellen. Die besten Zutaten helfen nichts ohne die passenden Würzmittel!

Viele Gewürze und Kräuter tragen ihre unterstützende Wirkung schon im Namen: Bohnenkraut etwa sorgt dafür, dass Bohnen – und alle anderen Hülsenfrüchte – bekömmlicher werden. Gurkenkraut, auch unter Borretsch bekannt, macht Gurkengerichte leichter verdaulich. Die Fülle der wärmenden und scharfen Gewürze hilft, um kühlen und feuchten Lebensmitteln wie beispielsweise Joghurt, Tomaten oder Gurken die »Trägheit« zu nehmen. So werden deine inneren Säfte – Sanguis, Chole, Melanchole und Phlegma – in Bewegung gehalten.

Gewürze haben auch Tradition beim Fermentieren. Bei Sauerkraut sind es Wacholderbeeren, Lorbeerblatt und Kümmel – ohne diese drei geht da gar nichts. Bei Salzgurken sind es Kren, Dille und Weinblätter. Durchs Würzen ergeben sich ganz wunderbare Geschmackerlebnisse und die Verdauung freut sich auch.

Bedenke jedoch, dass sich der Geschmack während des Fermentierens verstärkt – sei anfangs also eher sparsam mit den Gewürzen und schmecke erst später ab.

Du magst es nicht so sauer – du willst es süßer?

Ein Tipp:
Immer wieder werde ich gefragt, ob man denn gleich beim Fermentieren Zucker dazugeben kann? Diese Frage stellt sich immer dann, wenn Menschen den sauren Geschmack nicht so gern mögen. Klare Antwort: Nein! Mit Zucker bringt man noch mehr Kohlenhydrate in das Glas, an denen die Mikroorganismen lustvoll knabbern und Milchsäure produzieren können. Besser ist es, das Gemüse nach dem Fermentieren zum Beispiel mit etwas Honig zu verfeinern – oder aber länger fermentieren zu lassen, es wird dadurch milder im Geschmack.

Gemüse und Mikroben – die Stars im Glas

Nun zum Hauptdarsteller, dem Gemüse! Pflanzen bilden seit Urzeiten die Grundlage unserer Ernährung. Es war in Vorzeiten definitiv einfacher, nach genießbaren Pflanzen – vor allem Wurzeln und Beeren – Ausschau zu halten, als Tiere zu jagen und zu fangen.

Temperamentgerecht zubereitet ist Gemüse nährend und wohltuend. Es bietet dank seiner Ballaststoffe eine wertvolle Basis für eine gute Verdauung. Der Darm dankt es uns! Mit pflanzlicher Nahrung können wir, wie schon unsere Vorfahren, unseren täglichen Energie- und Nährstoffbedarf wunderbar abdecken – gewusst wie, ist es möglich!

Pflanzliche Ernährung liefert uns Kohlenhydrate, Eiweiß und Fette, Vitamine, Mineralstoffe und sekundäre Pflanzenstoffe. Die Früchte des Feldes und des Gartens bieten eine unglaublich breite Vielfalt, einen Variantenreichtum. Obst und Gemüse bescheren uns das ganze Jahr über Genuss und Energie. Vom Frühling bis zum Winter können wir uns daran laben. Voller Freude erwarten wir im Frühjahr die ersten zarten Pflänzchen, im Sommer erreicht der Warenkorb ein schier unermessliches Ausmaß, und auch der Herbst wartet mit einem eindrucksvollen Angebot auf. Im eher kargen Winter greifen wir dann auf Lagergemüse und auf unsere Fermente-Gläser zurück – herrlich, nun schöpfen wir Fermentistas aus dem Vollen!

Was macht das Gemüse so wertvoll? Sind es die Ballaststoffe, die Vitamine, die zahlreichen Mineralstoffe, die geringe Energiedichte, die sekundären Pflanzenstoffe oder das Mikrobiom der Pflanzen? Apropos, die Vereinten Nationen haben das Jahr 2021 zum »Internationalen Jahr für Obst und Gemüse« erklärt. Genial! Doch nicht nur diese internationale Marketingmaßnahme sollte unser Augenmerk auf pflanzliche Kost lenken. Dass Gemüse gesund ist, ist unbestritten, und dennoch essen wir viel zu wenig davon. 5 x am Tag sollte es auf dem Teller liegen – 3 x Gemüse und 2 x Obst. Hand aufs Herz – wie sieht es bei dir aus? Wie viele Menschen kennst du, die täglich mindestens 400 g Gemüse und 200–250 g Obst essen?

Viele wissen gar nicht, wie sie Obst und Gemüse zubereiten sollen, wie es ihrer Verdauung am besten bekommt. Möglichst naturbelassen und roh? Oder doch gekocht? Wie kocht man Gemüse? Wie Kompotte?

400 g Gemüse täglich scheinen tatsächlich für viele Menschen ein unerreichbares Ziel zu sein. Dabei ist es einfacher, als man denkt: Suppen, Eintöpfe, Gemüsegulasch, Salate – und fermentiertes Gemüse. Die Vielfalt auf dem Teller genießen, bunt und üppig darf es sein! Es gibt dafür jede Menge wunderbarer Rezepte – auch hier im Buch.

Nun wieder zurück zum Gemüse, das ins Glas wandert:

Fermentieren lässt sich nahezu jedes rohe Gemüse. Denn auf der Oberfläche von Gemüse befindet sich eine Vielzahl unterschiedlichster Mikroorganismen – auf Gemüse aus biologischem Anbau von Natur aus noch mehr als auf Gemüse aus konventionellem Anbau. Die meisten Mikroorganismen sind Hefen, Schimmel, Pilze und eben die wertvollen Milchsäurebakterien. Sofort nach der Ernte beginnen sich die schädlichen Mikroorganismen vor allem an beschädigten Pflanzenstellen zu vermehren. Daher ist es ratsam, so schnell wie möglich nach der Ernte mit der Verarbeitung zu beginnen.

Immer wieder stellt sich die Frage, ob man alle Pflanzen direkt roh nach der Fermentation essen kann – oder sollte man sie lieber kochen? Nun, einige Pflanzen enthalten Stoffe, die sich auch durch die Fermentation nicht verflüchtigen. So muss man Hülsenfrüchte – dazu gehören auch Fisolen (grüne Bohnen) – danach kochen. Auch Kartoffeln und Melanzani eignen sich nicht zum rohen Genuss.

Und ganz ehrlich – man muss nicht alles fermentieren. Beginne mit dem erprobten (Sauer-)Kraut, Fenchel, Radieschen, Tomaten, Karotten, Gurken … einfach mit jenem Gemüse, das du auch sonst gern roh isst. Die Vielfalt ist enorm, da muss man sich nicht gerade jene Sorten herauspicken, bei denen man unsicher ist.

Weißkraut – Weißkohl – Weißkabis

TEM-Steckbrief	
Element	**Wasser**
Qualitäten-Mischung	ziemlich ausgeglichen bis kalt & feucht
Geschmack	süßlich, etwas bitter, aromatisch
Wirkung	öffnend, reinigend, entgiftend, belebend, entspannend

Im Spätsommer beginnt die Haupterntezeit von Kraut und somit auch die Hoch-Zeit der Sauerkrautproduktion.

Weißkohl oder Weißkraut (Brassica oleracea) stammt nicht, wie oft vermutet, aus Zentraleuropa ab. Die runden Köpfe haben ihre ursprüngliche Heimat vermutlich in der Mittelmeerregion – in Italien, Griechenland, der Türkei. Die wilde Urform Brassica cretica wurde noch 1980 auf der griechischen Insel Samos geerntet. Wann, wo und wie die Wildformen gezüchtet und weiterentwickelt wurden, lässt sich nicht mehr ganz nachvollziehen. Die Wildform ähnelt eher dem Grünkohl – die Blätter sind dick und locker angeordnet. Feste Kohlköpfe dürfte es aber schon zur Zeit Hildegards von Bingen im 11. Jahrhundert gegeben haben.

Da alle Wild- und Kulturformen miteinander kreuzbar sind, gibt es eine große Vielfalt: Grün- bzw. Krauskohl, Markstammkohl, Kohlrabi, Braunschweiger-Kraut, Italienischer Kohl, Palmkohl, Kuhkohl, Blattkohl, Staudenkohl, Kopfkohl, Weißkohl bzw. Weißkraut, Spitzkohl bzw. Spitzkraut, Rotkohl bzw. Rotkraut, Wirsing, Rippenkohl, Karfiol, Romanesco, Broccoli, Kohlsprossen, Strauchkohl … und Chinakohl, der mittlerweile auch in der Steiermark gepflanzt wird. Er ist eine Kreuzung von Speiserübe und Senfkohl und nicht minder attraktiv.

So vielfältig die Varianten von Kohlgemüse sind, so bedeutend ist auch ihr gesundheitlicher Einfluss. Kohlgemüse ist rundum gesund – es liefert wertvolle Mineralstoffe, Vitamine, Ballaststoffe, Spurenelemente und sekundäre Pflanzenstoffe. Kraut beeinflusst unsere Gesundheit in vielen Bereichen: es unterstützt die natürliche Abwehrfunktion, stärkt das Immunsystem und senkt das Risiko für Krebserkrankungen – Grund dafür ist vor allem der Gehalt an Antioxidantien. Weiters beeinflussen Kraut und Kohl den Cholesterin- und Blutzuckerspiegel günstig und regulieren auf natürliche

Weise die Verdauung -> in einem Löffel Sauerkraut stecken mehr verwertbare Probiotika als in einer Probiotika-Kapsel.

Kohlgemüse ist dir zu bitter? Ach schade! Der bittere Geschmack ist nicht nur normal, sondern auch gewünscht.

Kraut und Kohl waren immer schon ein außerordentlich wichtiges Gemüse. Es war und ist kostengünstig und vielseitig. Es half in Form von Sauerkraut durch so manchen harten Winter und als Hausmittel bei Wehwehchen verschiedener Art: Rohen Kohlsaft trank man bei innerlichen Beschwerden, und Krautumschläge linderten Schwellungen und unterstützten die Wundheilung.

Zubereitung … jetzt geht's los

Yeahhh! Nun kommt der große Moment. Es geht los!

Wenn du alles parat hast – Rezept, Gemüse, Salz, Glas und ein Gewicht –, dann ran ans Ferment! Anders als beim Einkochen müssen die Küchenutensilien und Gärgefäße nicht ausgekocht und sterilisiert werden. Sauberkeit hat dennoch Priorität. Es reicht aus, Arbeitsfläche, Werkzeuge, Gefäße und die Hände mit warmem Seifenwasser zu waschen und gründlich zu spülen.
Sauberkeit, Temperatur, pH-Wert und Sauerstoffabschluss sind Indikatoren für die Fermentation. Wilde Fermentation funktioniert nur, wenn kein Sauerstoff an das eingelegte Gemüse kommt.

Nur Gefäße, in denen eine Fehlgärung stattfand, sollten sterilisiert und ausgekocht werden. Keramikgewichte, die in einem Glas mit Schimmel lagen, sollte man ein paar Tage in Essig einlegen.

Dann geht es richtig los: Das Gemüse bloß mit kaltem Wasser waschen. Bakterien sind erwünscht! Dann das Gemüse schälen, schneiden, raspeln, drücken, kneten, stampfen – einfach laut Rezept zubereiten.

Alles geht schnell und ist einfach.
Das Glas bis zur Schulterhöhe (dort, wo sich das Glas verengt) füllen, immer mit einem größeren Gemüsestück, seien es Zwiebel-, Orangen- oder Zitronenscheiben, Kraut- oder Salatblatt, Scheibe einer Sellerieknolle, einer Roten Rübe etc., abdecken, damit keine kleinen Gemüse- oder Gewürzteile aufschwimmen können. Mit einem geeigneten Fermentiergewicht beschweren.

Gründlich reinigen

Schneiden & salzen

Abdecken & beschweren

Zudecken & ruhen lassen

… ja, und dann einfach warten. Das Leben inzwischen genießen und sich an den eventuell bereits fertigen Fermenten erfreuen.

Verkosten und die Lebensgeister stärken, Bissen für Bissen.

Das Glas verschließen, auf einen Teller stellen und mit einem Geschirrtuch zudecken. In einen eher kühlen Raum bei 18–23 °C stellen. Etiketten und ein Tagebuch bereithalten. Die Gärgefäße mit Inhalt und Startdatum beschriften. In einem Fermentier-Notizbuch festhalten, wie sich das Ferment verändert, welche Temperaturbedingungen herrschen, von wo das Gemüse stammt etc., um später Rezepturanpassungen vornehmen zu können.

Wenn es blubbert im Glas, das Kohlendioxid aufsteigt und die Lake trüb wird, dann sind die Mikroben glücklich und knabbern eifrig am Zucker im Gemüse. Happy Bubbles! Happy Ferment! Während des Fermentierens das Glas nicht öffnen, einfach vertrauen und den Bakterien die Arbeit überlassen. Wenn du jetzt das Glas öffnen würdest, käme Sauerstoff ins Glas und das anaerobe Klima bräche zusammen. Also lass den Bakterien den Spaß, den Sauerstoff aus dem Glas zu schubsen, gönne ihnen dieses Vergnügen.

Wenn die Fermentationsdauer um ist (mehr dazu auf den nächsten Seiten), probiere. Schmeckt es dir? Yeah! Gratuliere, dann ab damit in den Kühlschrank oder an einen anderen kalten Platz. Und nicht vergessen, täglich davon essen, damit die Arbeit der Bakterien nicht umsonst war.

Die Zeit danach … Was sind die besten Fermentationsbedingungen?

Wenn das Gemüse in den Gläsern eingefüllt, abgedeckt, beschwert und verschlossen ist, lässt man den Bakterien einfach ihre Arbeit machen. Zwei wesentliche Parameter – Temperatur und Zeit – verbessern die Qualität deines Ferments, erleichtern den Mikroorganismen den Job und vermeiden Fehlgärungen.

Das Leben ohne Sauerstoff beginnt.

Die optimale Milchsäuregärung erfolgt nur anaerob (ohne Sauerstoff). Ziel ist es in den ersten Tagen, den Sauerstoff, der im Glas steckt, zu verdrängen. Der erste Tag ist meist der kritischste für das Gemüse, hier entscheidet sich, ob die Gärung wie geplant abläuft. Daher achte, wenn du das Glas schließt, dass keine Gewürz- oder Gemüsepartikel auf der Lake aufschwimmen. Das kann zu Schimmelbildung führen. Wenn du das Glas von der Küche zum Lagerplatz bringst, bewege es kaum bzw. nur ganz sanft und vorsichtig, damit nichts aufschwimmt.

Bei Gläsern sieht man gut, wenn Partikel in wenigen Stunden aufsteigen – dann das Glas gleich nochmals öffnen, die Partikel abschöpfen und wieder verschließen. Dies ist aber nur kurz nach der Zubereitung, ca. 1–2 Stunden, möglich. Steht das Glas schon einen Tag, sind die Bakterien bereits an der Arbeit. Die Milchsäurebakterien sind fleißig und meist hungrig.

Die Milchsäuregärung läuft in mehreren Phasen ab. Die erste Phase bestimmt das Ferment. Sie dauert etwa zwei Tage, hier wird der noch vorhandene Sauerstoff verbraucht und die CO_2-Produktion setzt ein. Dies ist gut an den aufsteigenden Bläschen zu erkennen. Die erste Phase soll möglichst schnell in Gang kommen.

Wenn die Lake trüb wird, ist die kritische Phase vorbei. Lass nun das Glas unbedingt geschlossen. Bedenke, dass durch das Öffnen des Glases wieder Sauerstoff einströmen würde und die Verdauung der Bakterien wieder volle Arbeit leisten müsste, um ihn erneut aus dem Glas zu drängen. Sie mögen keinen Sauerstoff. Schimmel hingegen liebt Sauerstoff.

Wenn die CO_2-Bildung eingesetzt hat, werden die Gärgefäße nach 2–3 Tagen an einen kühleren Ort mit 15–20 °C gestellt. Die Temperatur soll konstant gehalten werden oder konstant abfallend

Merke: Mach es den Bakterien so einfach wie möglich. Durch Öffnen der Gärgefäße gelangt Sauerstoff (O_2) hinein. Es gilt daher, sie so wenig wie nötig zu öffnen. Und keine Sorge, wenn du gute Gläser verwendest, entweicht der Druck über die Gummidichtung.

sein, so wie dies in Erdkellern der Fall ist. Eine konstante Temperatur ist wichtiger als das korrekte Einhalten der angegebenen Temperaturbereiche.

Bei Temperaturen über 24 °C muss man die Salzkonzentration erhöhen und den Fermentationsprozess früher stoppen, da er schneller abläuft.

Setze die Fermente nicht der Sonne aus. Am besten stehen sie abgedunkelt oder dunkel. Ideal zum Fermentieren ist also ein dunkler Platz ohne direkte Sonnenbestrahlung. Die Gläser sollten mit einem Tuch abgedeckt werden. Vorsicht auch vor versteckten Wärmequellen wie Heizung, Kühlschrankmotor, Sonnenstrahlen durchs Fenster oder Lüfter.

Wann ist es fertig?

Eine absolut geniale wie schwierige Frage! Wann ein Ferment fertig ist, kann bei der wilden Fermentation nie exakt angegeben werden. Zu viele Umgebungsparameter beeinflussen den Prozess, Aromen und Charakter – nicht zuletzt du selbst. Bei der Zubereitung »personalisieren« wir das Ferment immer wieder neu auch mit unseren eigenen Bakterien.

Grundsätzlich kennt man zwei Arten: das Langzeit- und das Kurzzeitferment.

Kurzzeitfermente sind für die Ungeduldigen: Spargel, Tomaten, Paprika, Zwiebeln, Fenchel und Kimchi sind rasch fertig – nach 4 bis 10 Tagen.

Im Gegensatz dazu sind Wurzel- und Kohlgemüse von der Zellstruktur her kräftiger und fasriger – die Milchsäurebakterien benötigen mehr Zeit, um an die Kohlenhydrate heranzukommen. Das kann schon mehrere Wochen dauern. Man spricht dann von einem Langzeitferment.

Die Dauer ist aber nicht nur vom Gemüse abhängig, sondern auch von der Temperatur, der Menge und davon, wie groß das Gemüse geschnitten wurde.

Rein technisch gilt das Gemüse als fertig fermentiert, wenn es einen gewissen Säuregrad erreicht hat – wenn also der pH-Wert unter 4,6 liegt. Dieses saure Milieu bietet den Milchsäurebakterien einen guten Lebensraum, anderen Mikroorganismen, die das Gemüse verderben, ist dieses Milieu zu sauer.

In der Natur und selbst in kontrollierten Umgebungen existieren Mikroorganismen immer in Gemeinschaften. Letztendlich entscheiden die Intuition und dein Geschmack, ob das wilde Ferment fertig ist.
Die in meinen Rezepten angegebene Fermentationsdauer ist immer nur ein Richtwert – entscheide gern selbst.

Letztendlich entscheidet der persönliche Eindruck punkto Geruch, Geschmack und Konsistenz. Für Fermentier-Neulinge ist das die größte Herausforderung. Ich kann mich noch sehr an meine einstige Ungeduld erinnern, mein Suchen nach genauen Zeitangaben. Ich dachte, da müsse es doch eine exakte Fermentationsdauer geben! Nun, es ist tatsächlich nicht so einfach. Man darf sich auf seine eigenen Sinne verlassen und nach wenigen Anhaltspunkten ausrichten, die ich hier erläutern möchte.

Deine Nase … der Geruch

Der Geruch ist anfangs sauer und verändert sich mit der Zeit. Wonach es noch riecht, sind das Gemüse selbst und die Gewürze, die du verwendest – aber anders, als du es von der frischen Zubereitung kennst. Anfangs hilft ein kleines Notizbuch mit persönlichen Eintragungen. So kannst du deine Eindrücke festhalten und bist für die nächsten Fermente gewappnet.

Wenn du den Geruch gänzlich abstoßend findest, dann kann es daran liegen, …

… dass du ein absoluter Neuling bist und mit einem »schwierigen« Ferment bzw. Rezept begonnen hast. Sehr grüne Gemüse mit viel Chlorophyll sind oft ein wahrer Anschlag auf die Sinne.

… dass dein Ferment tatsächlich verdorben ist und eine Fehlgärung eingesetzt hat. Nimm es in Augenschein. Hat sich Schimmel gebildet, dann weg damit.

… dass das Ferment noch dauert. Gib ihm noch ein wenig Zeit – sehr intensiver Geruch vergeht oft mit der Zeit.

Deine Zunge … der Geschmack

Frische, kurz fermentierte Gemüse schmecken saurer als Langzeitfermente. Wenn es dir zu sauer ist, gib ihm noch etwas Zeit und lass die Mikroben weiterarbeiten. Und noch eine Neuigkeit: Dein veredeltes, fermentiertes Gemüse schmeckt anders als das frische Gemüse im Vergleich. Die Aromen explodieren geradezu. Der Geschmack der Fermente ist nicht bloß sauer – er ist komplex, vielschichtig und man spürt ihn auch auf der Zunge … Fermentiertes bewegt: das prickelnde, »brizzelige« Empfinden hat etwas, das dem Zähneputzen sehr nahekommt: es ist erfrischend, reinigend, angenehm und immer wieder überraschend. Die Aromenvielfalt ist fulminant und abwechslungsreich.

Auch wenn du dich hundertprozentig immer an dieselbe Rezeptur hältst – das Ergebnis wird immer anders, versprochen! Der Geschmack jedes einzelnen Ferments ist einzigartig.

Dein Mund … die Konsistenz

Knackig oder eher weich – welches Mundgefühl bevorzugst du? Gleich zu Beginn ist das Ferment knackig, die Mikroben sind noch nicht an jede Pflanzenfaser herangekommen. Haben sie mehr Zeit, dann dringen sie in das tiefe Innere des Gemüses ein und machen es mürbe und weich. Sie stoppen nicht, so lange nicht, bis nicht das kleinste Fuzelchen Kohlenhydrat gefuttert ist.

So kannst du also nach eigenem Ermessen entscheiden: lieber weich oder knackig, sauer oder doch nicht zu sauer, kurz oder lang fermentiert. Es ist deine persönliche Entscheidung. Taste dich heran – koste, probiere, fühle … lass deine Sinne wirken.

Doch wann immer du dich entscheidest, den Mikroben mehr Zeit zu geben – achte darauf, dass das Gemüse wieder unter der Lake ruht und komplett mit Flüssigkeit bedeckt ist. Denn nun muss es erneut arbeiten, um den Sauerstoff aus dem Glas zu drücken.

Kälte bremst die Aktivität der Mikroben.

Fertig … und jetzt? Wohin mit den Fermenten?

Fermente sind im Grund nie wirklich fertig. Die Milchsäurebakterien sind nicht zu stoppen. Keine Chance! Man kann sie nur einbremsen, indem man die Lagertemperatur reduziert. Je kühler die Gläser aufbewahrt werden, umso weniger aktiv sind die Milchsäurebakterien. Wenn deine Sinne dir sagen: Mmh … ja, so soll es sein, ab damit an einen kühleren Ort! Nun haben wir aber nicht alle einen Lagerkeller oder Kühlhäuser, und ja, wenn du mit dem Fermentieren so richtig in Schwung kommst, wirst du dir die Frage stellen: Wohin mit all den Gläsern?

Kühle Temperaturen, circa 10–13 °C, wie sie in Lagerkellern, zum Beispiel alten Lehm- und Weinkellern, gegeben sind, wären ideal. Doch diese Möglichkeit haben nur sehr wenige zur Verfügung. Lucky you, wenn du das hast! Im anderen Fall ist der Kühlschrank perfekt.

Für alle, die über den Luxus eines Weinklimaschranks verfügen – arrangiere dich mit deinem Weinvorrat und erobere ein Fach für deine neuen Lebensmittel. Das Klima darin ist perfekt! Schichte deine Fermente, angepasst an den Verbrauch, nach und nach in kleinere Gläser um, damit der Luftanteil und so die Gefahr des Verderbs im Glas so gering wie möglich gehalten wird, und außerdem, damit der Platz im Kühlschrank ausreicht bzw. auch im Weinklimaschrank genügend Platz für die guten Tropfen bleibt.

Achte immer, dass das Glas gut gefüllt ist und kein Gemüse nach oben zipfelt – nicht wie auf diesem Bild. Fehlgärung und Schimmel sind hier vorprogrammiert.

Fehlgärung – wenn doch mal was passiert

Grundsätzlich gilt: »Alles ist gut, wenn es unter Lake ruht.« Je weniger die Lake mit Sauerstoff in Berührung kommt, umso geringer ist das Risiko einer Fehlgärung. Auch der Salzgehalt muss stimmen.

Hilfe, meine Lake ist trüb!

Gratuliere, bei trüber Lake erledigen die Milchsäurebakterien ihre Arbeit ganz wunderbar. Du hast alles richtig gemacht. Bildet sich Schaum an der Oberfläche und wird die Lake trüb, so ist das ein Teil des Fermentationsprozesses. Die Milchsäurebakterien verdauen :)

Die Frage nach der trüben Lake wird sehr oft gestellt und bei Fermentier-Neulingen immer mit einem Fehler in Verbindung gebracht – daher habe ich sie hier gleich eingebracht. Also, keine Sorge!

Kahmhefe

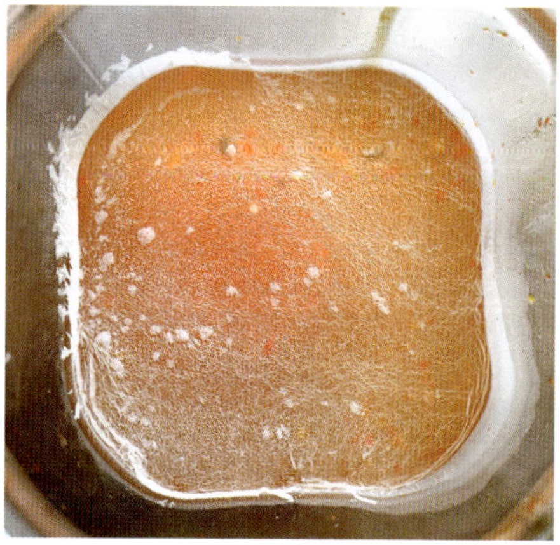

Kahmhefe, auch Kahmhaut genannt, bildet sich, wenn zu viel Sauerstoff im Glas ist und Teilchen an die Oberfläche aufschwimmen. Kahmhefe ist eine weißliche Schicht aus Bakterien und Mikroorganismen, die auf der Lakenoberfläche schwimmt. Bewegt man das Glas, entstehen ganz typische Risse.

Kahmhefe ist nicht gesundheitsschädlich, kann aber in weiterer Folge zu Schimmelbildung führen. Daher am besten sofort, wenn man sie entdeckt, mit einem sauberen Löffel abschöpfen und das

Glas in den Kühlschrank stellen – oder, noch besser, das Ferment als Erstes aufessen.

Schimmel

Schimmel – davor sind wir nicht gefeit. Das kann schon mal passieren. Schimmel entsteht meist, wenn das Gärgut mit Sauerstoff in Verbindung kommt. Bei Gläsern passiert es oft dann, wenn man Silikondichtungen verwendet oder die Füllmenge zu gering war. In den kleinen Gläsern, wenn diese gut gefüllt sind, ist dies eher unwahrscheinlich.

Wenn sich doch Schimmel bildet, weg mit dem Ferment, so schade es auch ist! Den Schimmel nicht abschöpfen oder auch nur einen Teil des Ferments entfernen, Rettung zwecklos.

Weiches, schleimiges Gemüse

Gemüse wird weich und schleimig, wenn die Temperatur zu hoch, der Salzgehalt zu niedrig oder das Salz nicht ausreichend verteilt war. Riecht es muffig und faul, gib es weg. Bei sehr zuckerhaltigen Lebensmitteln, wenn sie fein geschnitten sind, kann es auch eine kurzfristige Erscheinung sein.

Ist das Gemüse weich, weil es zu lange fermentiert hat, kannst du es noch verwenden. Einfach pürieren und eine cremige Soße oder einen Smoothie daraus bereiten – Ideen dazu findest du im Rezeptteil.

Rosa Gemüse

Rosafarbenes Gemüse weist darauf hin, dass zu viel Salz verwendet wurde. Die Milchsäurebakterien konnten sich nicht vermehren, das Gemüse ist eigentlich mehr gepökelt als fermentiert. Es kann durchaus verwendet werden, ist aber oft eine geschmackliche Herausforderung.

Weiße Schicht

Bei Karotten, Spargel und Gurken setzt sich manchmal eine weiße, milchige Schicht ab – das ist unbedenklich.

Kraftwerk Milchsäuregärung – alles für die Gesundheit

Volle Kraft! Lebenskraft pur! Milchsäurebakterien behüten, beschützen und wehren sich – nützen wir diese unbändige Lebenskraft für unsere Gesundheit … und sagen wir Danke!

Die Fermentation von Gemüse ist in aller Munde. Ach, ist das ein schöner doppeldeutiger Satz. Ja, viele sprechen von den gesundheitlichen Vorteilen, und bei vielen ist es auch schon angekommen, dass zum Beispiel Sauerkraut – so wie es ganz natürlich in den Holzfässern unserer Ururahnen gemacht wurde – nicht bloß als pragmatischer Ansatz der Lebensmittelkonservierung zu sehen ist. Es ist nach wie vor auch für die Gesundheit ein Meilenstein.

Umso mehr freut es mich, dass dieses alte Wissen neu interpretiert wird, nicht nur innerhalb einer kleinen Szene von Fermentistas und Fermentisten. Aus der Tradition wurde ein Trend, der schon in vielen Haushalten in die Praxis umgesetzt wird. Herrlich! Weil es Spaß macht, einfach ist, riesige gesundheitliche Vorteile bietet und – last but not least – schmeckt!

Der gesundheitliche Einfluss der Milchsäurebakterien auf die Lebensgeister ist gewaltig. Fermentiertes Gemüse enthält eine große Anzahl an aktiven natürlichen Milchsäurebakterien. Sie sind wie ein externes Verdauungsfeuer zu betrachten – dabei brauchen sie gar keine zusätzliche Hitze. Fermentieren ist »kaltes Kochen«. Vitamine, Mineralstoffe und Enzyme bleiben erhalten und, noch besser, sie verändern sich positiv.

Durch den externen Vorverdauungsprozess werden viele natürliche Bausteine der Lebensmittel besser vom Körper umgewandelt und aufgenommen. Sie unterstützen das Mikrobiom und die Darmflora und sorgen für eine Balance von »guten« und »schlechten« Bakterien.

Menschen, die fermentieren, nennen sich Fermentistas und Fermentisten :)

Die natürlichen Milchsäurebakterien sind eine wahre Wohltat für den Darm. Der Darm als unser größtes und wichtigstes Immunsystem wird gestärkt und aktiviert. Gemüsefermente sorgen für die Vielfalt der Darmflora. Wilde Fermente haben teilweise vielfältigere Kulturstämme als Probiotika, die als Nahrungsergänzungsmittel angeboten werden. Und dabei sind sie so natürlich! Ein gesundheitliches Kraftwerk, das uns die natürliche Milchsäuregärung da bietet. Findest du nicht auch?

Wer regelmäßig milchsauer vergorenes Gemüse isst, hemmt den Heißhunger auf Zucker.

Weil es praktisch ist und schnell geht

Fermentieren hat neben der Veredelung und den gesundheitlichen Benefits auch den banalen Zweck, Gemüse haltbar zu machen. Frisches, saisonales Gemüse lässt sich damit für Zeiten außerhalb der Saison ohne spezielle Konservierungsmittel einfach und rasch aufbewahren. Sehen wir es mal ganz pragmatisch: Fermentieren ist praktikabel und ressourcenschonend. Man kann es auch als eine Strategie zum Einsparen von Brennstoffen sehen, da Nahrungsmittel ohne hohen Energieaufwand hergestellt und haltbar gemacht werden. Gemüsereste oder der Überschuss aus dem Gemüsegarten lassen sich schnell und einfach fermentieren und so vor dem Verderb bewahren.

Auch wenn die Fermentierung als ursprüngliche Konservierungs- und Veredelungsmethode an Bedeutung verloren hat, so hat der traditionelle Aspekt – als eine Art Bewahrung der kulturellen Gepflogenheiten zur Selbstversorgung – einen hohen Nutzen und Stellenwert. Und in den Gläsern ist das Gemüse noch dazu hübsch anzusehen. Ich finde, das Fermentieren hat sich wunderbar weiterentwickelt.

Jeder kann fermentieren! Und wie bei den geselligen Tätigkeiten Kochen und Essen kann auch hier die gesamte Familie etwas zur Herstellung von Fermenten beitragen: Gemüse schneiden, hobeln, salzen und einlegen … Fermente schmecken noch viel besser, wenn sie in Gemeinschaft hergestellt wurden. Speziell Kindern kann man damit in spielerischer Art bereits einen positiven Umgang mit Lebensmitteln und Ernährung beibringen.

Vorverdauung – ein genialer Prozess der Natur

Gut gekaut ist halb verdaut. Dieses Sprichwort kennst du bestimmt. Nun, Fermentation ist die Verdauungstätigkeit von Bakterien. Sie nehmen unserer Verdauung Arbeit ab – noch bevor das Essen in den Mund kommt.

Die Zusammensetzung der Lebensmittel wird durch den »Verdauungsprozess« der beteiligten Mikroorganismen wesentlich verändert. Organische Zusammensetzungen werden in natürlichen Formen verstoffwechselt:

- Mineralien werden biologisch verfügbar.
- Schwer verdauliche Verbindungen werden aufgespalten.
- Die Verfügbarkeit essenzieller Aminosäuren erhöht sich.
- Sekundäre Pflanzenstoffe werden aufgespalten.
- Eisen ist um 16 Prozent besser verwertbar als in rohem Gemüse.

Was sich so technisch anhört, ist ein Wunderwerk der Natur. All das passiert im Glas – wir sehen lediglich, wie die Lake trüb wird, das Gemüse sich verfärbt und Luftblasen aufsteigen. Dabei steckt so viel mehr dahinter.

Einen Haken gibt es – beachte den »Beipacktext«:

Durch den Vorverdauungsprozess steigt die Menge an biogenen Aminen, wie zum Beispiel Histamin, und in weiterer Folge an Alkaloiden, die wiederum manchmal Leberprobleme, Allergien, Durchfall oder Herzprobleme auslösen können. Die gute Nachricht dazu findest du im Kapitel »Herausforderung Histamin«.

Bleiben wir bei den Vorteilen der Gemüsefermente. Die Fermentation kann antinutritive Verbindungen, also ungünstige Stoffe aus Lebensmitteln, abbauen und teilweise in Nährstoffe umwandeln:

- Cyanid, wie es in der Maniokwurzel vorkommt.
- Tannin in Eicheln und Nüssen.
- Phytate in Getreide – das macht Sauerteigbrot so einzigartig!
- Pestizide, Nitrate und Oxalsäuren in Gemüse.

Lebenskraft – lass die Lebensgeister tanzen

Die drei Lebensgeister.

Bei erhöhtem Fleischverzehr kann es zu vermehrter Fäulnisbildung kommen. Ein gesunder Vitamin-B12-Spiegel ist daher nur indirekt von der Menge des konsumierten Fleisches abhängig. Wichtiger ist der Zustand der Darmflora, um überhaupt Vitamin B12 bilden zu können.

Fazit: Ist die Lebenskraft geschwächt, ist auch der Stoffwechsel geschwächt und umgekehrt. Umso wichtiger ist die optimale Zusammensetzung des Darmmikrobioms.

Erinnerst du dich an die drei Hula-Hoop-Reifen am Beginn des Buchs? Die drei Lebensgeister – Spiritus animalis, Spiritus vitalis und Spiritus naturalis – wollen tanzen und im Gleichgewicht sein. Darm, Mikrobiom und Verdauungskraft hängen sehr eng mit der Lebenskraft zusammen. Der Kreislauf der Nahrung in deinem Körper unterstützt die Lebensgeister. Mangelnde Verdauungskraft stört diesen Kreislauf. Fäulnis dämpft und bringt dich aus der Balance.

Ist das Blut als Vermittler der vitalen Kraft, des Sanguis, durch nicht ausreichende oder unpassende Ernährung unterversorgt, stellt das eine wesentliche Einschränkung der Lebensgeister dar – die Lebenskraft sinkt, die Hula-Hoop-Reifen beginnen zu ecken.

Im Darm liegt die Gesundheit! Von der Ernährungswissenschaft wissen wir, dass nur eine gesunde, ausgeglichene Darmflora zum Beispiel in ausreichender Menge Vitamin B12 herstellen kann. Dies wird vor allem für die Bildung roter Blutkörperchen sowie für eine optimale Funktion der Nervenzellen benötigt. Ein Mangel an Vitamin B12 führt zu Blutarmut und Störungen der Nervenzellen.

Aus Sicht der TEM findet die Blutbereitung in der Leber, dem Quellorgan für den Spiritus naturalis, statt. Der Nährstrom, die Versorgung des Verdauungstrakts, ist die Basis für die Blutbildung (Sanguifikation). Nur wenn der Nährstrom durch die Verdauungskraft vollständig aufgenommen wurde, kann die Blutbildung optimal verlaufen. Ist das nicht der Fall, ist in weiterer Folge auch die finale Assimilation nur unvollständig möglich und die Zellen werden nicht bzw. unzureichend versorgt. Der Alterungsprozess setzt ein.

Auch die Nervenzellen von Bauch- und Kopfhirn interagieren mit der Mikroflora. Ist sie geschwächt, ist auch die Nervenkraft geschwächt. Diese ist wiederum essenziell, um fremde Organisationskräfte zu überwinden, etwa jene, die das Immunsystem angreifen.

Herausforderung Histamin … und warum du Sauerkraut essen solltest

Manchmal ist es einfach so – es gibt sie, die schlechten Nachrichten. Stopp! Es gibt auch immer wieder gute. Zuerst mal zu den schlechten rund um Allergien und Nahrungsmittelunverträglichkeiten. Zum Beispiel: Jedes Lebensmittel enthält Histamin. Nun, wenn du mit Histaminen kämpfst, du immer wieder Symptome spürst, nachdem du gewisse Lebensmitteln gegessen hast, dann ist das natürlich nicht gut.

Histaminintoleranz ist eine verzwickte Angelegenheit. Jeder reagiert anders auf dieses sogenannte Gewebehormon. Mal intensiver. Mal weniger intensiv. Manche Lebensmittel wie Parmesan, Salami, Fisch, Rotwein, Sekt, aber auch Erdbeeren, Tomaten, Kakao, Schokolade, Cashew- und Walnüsse sind besondere Herausforderungen.

Ein Nahrungsmittel, das bei Histaminintoleranz ganz oben auf der Liste der No-Gos steht, ist Sauerkraut. Tja, darfst du nun gar keine fermentierten Lebensmittel essen? Lass uns das mal genauer betrachten.

Histamin ist überall! Unser Körper bildet Histamin, es befindet sich in allen Lebensmitteln. Was ist Histamin? Es spielt als sogenanntes biogenes Amin, als Stoffwechselprodukt, das natürlicherweise in menschlichen, pflanzlichen und tierischen Zellen vorkommt, eine wichtige Rolle, etwa bei der Regulation der Magensäureproduktion und im zentralen Nervensystem. Es ist wichtig für den Schlaf-Wach-Rhythmus und es hat eine besondere Bedeutung im Rahmen der Immunabwehr, bei körpereigenen Heilungsprozessen: Bei Entzündungen sorgt es für eine Weitung der Gefäße, um Nährstoffe und Immunzellen besser an den Ort des Geschehens zu transportieren. Histamin ist unglaublich sinnvoll und wichtig für uns! Bei echten Allergien allerdings erhöht sich der Histaminwert im Körper und die typischen schwerwiegenden Reaktionen bis hin zur Atemlähmung passieren.

Bei einer echten Allergie ist das Immunsystem beteiligt – unsere Körperzellen bilden dabei Antikörper, die durch einen Bluttest nachweisbar sind. Bei einer »Unverträglichkeit« ist das nicht der Fall – obwohl die Symptome ähnlich sein können. Oft sind fehlende Enzyme für Unverträglichkeiten verantwortlich. Der entscheidende Unterschied zu einer echten Nahrungsmittelallergie liegt

In Lebensmitteln wird Histamin hauptsächlich im Reifungsprozess durch Mikroorganismen gebildet. Mit großen Schwankungen, die von vielen Faktoren abhängig sind. Wie viel Histamin ein Lebensmittel enthält, kann man oft nur schwer sagen.

Bei Histaminunverträglichkeit, einer Pseudoallergie durch Nahrungsmittel, warnt unser Körper quasi vor einem allergischen Schub mit ähnlichen Symptomen und Reaktionen. Besser gesagt, der Darm warnt! Hitze steigt auf, die Haut rötet sich, Kopfschmerzen, ja bis zu Herzrasen – alles ist möglich, das volle Programm an Beschwerden.

darin, dass sich die Reaktionen vorwiegend innerhalb des Verdauungstrakts abspielen.

Doch was passiert in einem gesunden Darm bei der Verdauung von histaminreichen Lebensmitteln? Was ist der Unterschied zu einem »empfindlichen« Darm? In einem gesunden Darm ist das Enzym Diaminoxidase, kurz DAO genannt, dafür verantwortlich, dass Histamin ausreichend abgebaut wird. Es wird laufend DAO produziert und das mit der Nahrung aufgenommene Histamin kann bereits im Darm »neutralisiert« werden.

Wenn das Verdauungssystem überlastet ist oder durch Essen, das schwer im Magen liegt, träge ist, oder durch Eintönigkeit und Mangel einfach faul geworden ist, oder durch Stress und Müdigkeit ausreichende Energie fehlt und das Mikrobiom nicht die nötigen Nährstoffe bekommt, dann lässt das Enzym nach. Auch Alkohol und gewisse Medikamente hemmen die körpereigene Produktion von DAO. Es ist also irgendwie eine Kettenreaktion.

Die gute Nachricht: Mit der passenden Ernährung und Lebensweise kann sich vieles wieder zum Guten wenden.

Beginne mit einer bekömmlichen Basis-Ernährung: mit einem warmen, sättigenden Frühstück, frisch gekochten Mahlzeiten, viel Gemüse, ausreichend Eiweiß und Ballaststoffen, alles schmackhaft gewürzt – einfach alles, was dir guttut. Essen, das deine Lebensgeister weckt und deiner Verdauungskraft entspricht! Mahlzeiten, die dir Kraft geben und dich nicht ermüden.

Tipps und Informationen zur temperamentegerechten Ernährung, die die Basis für eine vitale Verdauung ist, findest du in meinem Buch »Temperamentvoll essen«.

In Stresssituationen achte auf deine Atmung und geh einfach mal raus. Raus an die frische Luft. Und vertraue. Vertraue dir selbst. Wage dich dann nach und nach an Sauerkraut & Co. Dein selbst fermentiertes Gemüse sorgt für zusätzliche Vielfalt in deinem Darm. Bissen für Bissen.

Beginne mit Kurzzeitfermenten – fermentiertes Gemüse, das nur wenige Tage reift und von Natur aus histaminarm ist, beispielsweise Paprika. Und in ganz kleinen Mengen, ein Teelöffel reicht da schon am Tag. Beobachte dich. Prüfe. Sorge gut für dein Mikrobiom. Sorge gut für dich. Lass die Seele tanzen!

Laktoseintolerant? Vegan?

Eine oft gestellte Frage von Menschen, denen Milchzucker oder Milcheiweiß Probleme machen, oder von Leuten, die sich rein pflanzlich ernähren: »Darf ich milchsauer fermentiertes Gemüse essen?« Die klare Antwort: Ja!

Milchsäurebakterien haben einen irreführenden Namen – sie haben nichts mit Milch zu tun. Daher kommt es oft vor, dass Menschen mit Laktoseintoleranz (Milchzuckerunverträglichkeit) oder Veganer fragen, ob sie nun Gemüsefermente essen dürfen oder nicht.

Die Milchsäurebakterien heißen deshalb so, weil sie das erste Mal in tierischer Milch nachgewiesen wurden. 1780 hat der Chemiker und Apotheker Carl Wilhelm Scheele Milchsäure in saurer Milch entdeckt. Diese Säure steht mit der Milch selbst aber nicht in direktem Zusammenhang. Diese Bakterien verstoffwechseln Kohlenhydrate, dabei entsteht die Milchsäure – der Milchzucker ist nur Futter für die Bakterien. Der Name blieb allerdings.

Milchsäurebakterien findet man von Natur aus hauptsächlich im gesamten Verdauungskanal von Mensch und Tier, vom Mund bis zum After, aber auch auf Obst und Gemüse.

Milchsäure entsteht in Milchprodukten und auch bei der Fermentation anderer tierischer Lebensmittel wie etwa Parmesan, Salami und weiteren Rohwürsten.

Fermentierte Obst- und Gemüseprodukte hingegen sind – sofern weder Joghurt noch andere tierische Starterkulturen verwendet wurden – rein pflanzlich und ein wunderbar bereicherndes Lebensmittel für die vegane Ernährung.

Wenn du dich also vegan oder vorwiegend pflanzlich ernährst, ist fermentiertes Gemüse mit der vollen Kraft der Milchsäurebakterien eine Wohltat für deinen Darm und eine perfekte Ergänzung.

Joghurt entsteht durch Milchsäuregärung: Milchsäurebakterien wandeln bei warmen Temperaturen einen Teil des Milchzuckers in Milchsäure um. Laktose wird in Laktat umgewandelt und das Eiweiß der Milch gerinnt. Dabei reduziert sich der Milchzuckeranteil, das macht Joghurt auch für Menschen mit Laktoseunverträglichkeit interessant, die nicht gänzlich auf Milchprodukte verzichten möchten. Hier gilt es, verschiedene Joghurts zu prüfen und auszuprobieren – und gleichzeitig auf eine allumfassende temperamentegerechte Ernährung zu achten.

Rezepte für wildes Obst und Gemüse

Jetzt kommen sie, die wilden Rezepte mit mindestens einer Million Aromen und ganz viel Blubbern.

Fermentieren eröffnet eine unüberschaubare Vielzahl an Variationsmöglichkeiten. Der Experimentierfreude sind keine Grenzen gesetzt! Wenn du einmal Feuer gefangen hast, wirst du nicht mehr damit aufhören wollen. Versprochen!

Die wilde Fermentation ist, wie der Name schon sagt, ein wilder und oft unkontrollierbarer Prozess. Alle diesbezüglichen Rezepte sind nur Anleitungen und Richtlinien. Denn kein Rezept, wird es noch so akribisch befolgt, führt jeweils zum gleichen Ergebnis. Bei Früchten beispielsweise entsteht oft auch eine alkoholische Gärung.

Die Saison, die Umgebungsluft, die Region, aus der das Gemüse stammt, die Umgebungstemperatur, dein eigenes Mikrobiom und vieles mehr beeinflusst dein Ferment. So wird es immer anders! Das macht es so abwechslungsreich.

Fermentieren bleibt also immer spannend, man weiß nie ganz genau, was passiert.

Lass dich auf dieses Experiment ein und bedenke, es handelt sich hier um Lebensmittel – sie leben … lass ihnen ihren Freiraum, ihre Eigenheiten und gehe ganz unbedarft ans Fermentieren heran.

Meine Rezepte sind ganz bewusst für kleine Mengen ausgelegt, für Gläser von 200 ml bis 2 Liter, denn bei allem Spaß, wenn es in den Gläsern blubbert, soll alles auch aufgegessen werden können.

Viel Spaß mit deinen LEBENSmitteln, wecke deine Lebensgeister – Hula-Hoooop!

APFELKREN

Zutaten für ein 0,5-l-Glas:
80 g geschälter Kren (Meerrettich), 20 g Zitronensaft, 400 g geschälte, entkernte Äpfel, 8 g Salz, 2–3 Bio-Zitronenscheiben
Salzlake: ½ TL Salz in 100 ml lauwarmem Wasser auflösen.

Genieße den Apfelkren zu in Butter gedünsteten Karotten und mit Bratkartoffeln.

Das Glas gründlich reinigen und die Gummidichtung anlegen. Kren und Äpfel fein reiben und sofort mit Zitronensaft und Salz vermischen. Apfelkren in das Glas füllen, fest einstampfen und das Glas dabei aufklopfen, damit keine Luftlöcher in der Apfel-Kren-Masse bleiben. Die Zitronenscheiben darauflegen. Mit einem Gewicht beschweren und vorsichtig mit etwas Salzlake auffüllen. Darauf achten, dass alles gut mit Lake bedeckt ist, und das Glas verschließen. Auf einen Teller stellen und mit einem Tuch zudecken.

Fermentationsdauer: ca. 2–3 Wochen

COCKTAILTOMATEN MIT BASILIKUM

Zutaten für ein 0,5-l-Glas:
200 g Cocktailtomaten, 1 Handvoll Basilikumblätter
Salzlake: 250 ml lauwarmes Wasser, 10 g Salz

Der Geschmack der Tomaten ist unbeschreiblich – man spürt ihn auf der Zunge. Es prickelt und fühlt sich fast wie Brause an, die es früher mal gab, die man als Kind kannte …

Die Cocktailtomaten mit einer Rouladennadel einige Male einstechen, um das Aufplatzen zu verhindern. Zuerst die Basilikumblätter in das Glas einlegen, die Tomaten darauflegen und mit der Salzlake begießen. Gummidichtung anlegen, das Gemüse mit einem Gewicht beschweren und das Glas verschließen. Glas auf einen Teller stellen und zudecken.

Nach fünf Tagen verkosten und je nach Geschmack entweder die Fermentation stoppen oder noch ein paar Tage weiter fermentieren lassen.

Fermentationsdauer: 5–7 Tage

DILLSAUERKRAUT ZWEIFARBIG

Zutaten für ein 1-l-Glas:
1 Weißkrautkopf (ca. 1 kg),
25 g Salz, 100 g weiße Zwiebeln,
2 Knoblauchzehen, 2–3 Zweige Dille

Die äußeren Blätter vom Kraut entfernen, 1–2 Blätter davon zur Seite legen. Den Krautkopf vierteln und in einer großen Schüssel bis auf den Strunk fein hobeln. Zwiebeln und Knoblauch schälen und hobeln bzw. fein schneiden. Alles mit Salz vermischen und so lange kneten, bis ausreichend Lake entstanden ist. Die Dille waschen, trockenschütteln, von den Stängeln zupfen und fein hacken.

Die Hälfte des Krauts mit der Dille vermischen und in das gründlich gereinigte Glas füllen. Schichtweise das übrige Kraut und die Lake so in das Glas stampfen, dass keine Luftbläschen eingeschlossen bleiben. Die Gummidichtung anlegen.

Zur Abdeckung die zur Seite gelegten Krautblätter auf das Kraut pressen, damit das Aufsteigen von Krautschnipseln an den Rändern verhindert wird. Diese sonst mit einem Löffel abfischen. Ein Gewicht auflegen und darauf achten, dass alles gut mit Lake bedeckt ist. Dann das Glas verschließen. Auf einen Teller stellen und zudecken.

Fermentationsdauer: 4–6 Wochen

DIRNDLN

Zutaten für ein Halbliterglas:
2 Handvoll halbreife Dirndln (Kornelkirschen), 1 TL Senfkörner, 1 Lorbeerblatt, 3 Zwiebelscheiben
Salzlake: 10 g Salz in 250 ml lauwarmem Wasser auflösen.

Das Glas gründlich reinigen und die Dichtung anbringen. Dirndln waschen und samt Kern in das Glas geben. Lorbeerblatt und Senfkörner dazugeben und mit den Zwiebelscheiben abdecken, damit das Aufsteigen verhindert wird. Mit Lake auffüllen, ein Gewicht auflegen, sodass alles gut unter der Lake ruht. Das Glas verschließen, auf einen Teller stellen und mit einem Geschirrtuch abdecken.

Fermentationsdauer: 1–2 Wochen

Nach dem Fermentieren die Lake abseihen und die Früchte mit etwas Olivenöl vermischen. Die »Dirndloliven« passen wunderbar zu Käse und Wein.

Die Kornelkirsche ist ein alteuropäisches Heilgewächs und soll laut Volksheilkunde bei allerlei Beschwerden helfen. Hildegard von Bingen empfiehlt die frischen Früchte vor allem gegen Darmleiden. Sie sollen den Darm reinigen und sogar Zöliakie lindern. In Österreich werden sie wegen ihrer rockartigen, buschigen Blüten auch »Dirndln« genannt – sie ähneln den trachtigen Dirndlkleidern. Die goldgelben Blüten sind bereits ab etwa Februar eine erste Nahrungsquelle für die Bienen. Die länglichen roten Früchte schmecken leicht säuerlich und enthalten viel Vitamin C und Anthozyane (Pflanzenfarbstoffe). Die großen Kerne können wie echte Kirschkerne für wärmende Kirschkernkissen verwendet werden.

Blühende Kornelkirsche

FENCHEL MIT ORANGE

Zutaten für ein Dreiviertelliterglas:
250 g Fenchel, 2–3 Orangenscheiben, 1 TL rosa Pfefferbeeren, 1 Gewürznelke
Salzlake: 15 g Salz in 500 ml lauwarmem Wasser auflösen.

Den Fenchel samt den Orangenscheiben mit warmen Kartoffeln oder mit einer kalt geräucherten Forelle genießen. Mmh …

Das Glas gründlich reinigen und die Dichtung anbringen. Vom Strunk des Fenchels 2–3 Scheiben zur Abdeckung abschneiden. Restlichen Fenchel in Streifen schneiden. Pfefferbeeren, Gewürznelke und Orangenscheiben in das Glas geben und die Fenchelstreifen einfüllen. Mit den Fenchelscheiben abdecken, damit das Aufsteigen verhindert wird. Mit Salzlake auffüllen, ein Gewicht auflegen, sodass alles gut unter der Lake ruht. Das Glas verschließen, auf einen Teller stellen und mit einem Geschirrtuch abdecken.

Fermentationsdauer: 2–4 Wochen

FENCHEL UND PAPRIKA MIT VANILLE

Zutaten für ein Dreiviertelliterglas:
450 g Fenchel, 150 g frischer roter Paprika, ½ Vanilleschote, 4–5 Gänseblümchen, 10 g Salz

Melancholiker schätzen den betörenden Duft der Vanilleschote. Für das typische Aroma sorgt das Vanillin, das sich während der Fermentation der Schote bildet. Der Prozess dauert lang – mehrere Monate – und ist ein in den Anbaugebieten gut gehütetes »Rezept«. Die Schoten schrumpfen und werden dunkel.
Übrigens: Frische Vanilleschoten schmecken und riechen nach nichts.

Das Glas gründlich reinigen und die Gummidichtung anlegen. Vom Fenchelstrunk 2–3 dünne Scheiben abschneiden und den übrigen Fenchel fein hobeln. Den Paprika ebenfalls dünn hobeln. Die Vanilleschote halbieren und das Mark auskratzen. Die Schote und das Mark in die Schüssel zum Gemüse geben. Fenchel, Paprika, Vanille, Gänseblümchen und Salz nun verkneten, bis sich eine saftige Lake bildet. Alles in das Glas geben und mit den Fenchelscheiben abdecken. Ein Gewicht drauflegen und achten, dass alles gut mit Lake bedeckt ist. Gegebenenfalls noch 100 ml lauwarmes Wasser mit einem ¼ TL Salz verrühren und darauf gießen. Das Glas verschließen, auf einen Teller stellen und zudecken.

Fermentationsdauer: 10–15 Tage

Gänseblümchen … immer schön!

Es wächst bereits früh im Jahr in unseren Gärten – und ja, wenn du gut vorbeugen willst, naschst du die ersten drei Blüten, die du erspähst … denn dem Volksmund nach bekommt man dann keine Erkältung mehr.

Das viel geliebte Gänseblümchen steckt nicht nur mit seiner Fröhlichkeit der leuchtend weißen, zarten Blüten an. Es ist auch ein Immunbooster – voll Kraft von der Wurzel bis zur Blüte. In kleinen Mengen wirkt es antimikrobiell. Es enthält viele Wirkstoffe, die das Immunsystem stärken, den Appetit anregen und den Stoffwechsel fördern.

Wer sein Immunsystem unterstützen möchte, bereitet einen Tee aus den getrockneten Blüten. Und wenn sie, so wie auf dem Bild, gerade wunderschön blühen, dann unbedingt die weißen Blüten über den Salat streuen oder die Suppe dekorieren – und natürlich mit verzehren.

Das Gänseblümchen ist auch eine feinfühlige Zeigerpflanze:

- Geschlossene Blütenknospen kündigen Regen an. Sei wachsam beim Spazierengehen und suche in diesem Fall einen trockenen Unterschlupf.
- Hat das Gänseblümchen rosa Blätter, so war es in der Nacht kalt.

Du kannst mit dem Gänseblümchen auch wunderbar die Liebe austesten: … liebt mich … liebt mich nicht …

Gänseblümchen wachsen fast das ganze Jahr über auf Wiesen und in Gärten und trotzen sogar längeren Schneephasen. Die Pflanze ist das ganze Jahr über schön, und davon leitet sich auch ihr lateinischer botanischer Name ab: **Bellis perennis** – bellis bedeutet schön, perennis steht für beständig … also: immer schön.

GEWÜRZZWIEBELN

Zutaten für ein 1-l-Glas:
400 g Zwiebeln, 4–5 Stängel Rosmarin oder Thymian, 2–3 Bockshornkleesamen, 1 TL Senfkörner, 1 Sternanis, 2–5 Pfefferkörner, 1–2 Scheiben Kurkuma oder 1 Msp. Kurkumapulver, 1–2 Scheiben Ingwer
Salzlake: 15 g Salz in 500 ml lauwarmem Wasser auflösen.

Das Glas gründlich reinigen und die Gummidichtung anbringen. Die Zwiebeln schälen und in 5–7 mm breite Scheiben schneiden. Zuerst die Kräuter und Gewürze in das Bügelglas einlegen, dann die Zwiebelscheiben darauflegen. Mit Salzlake begießen, mit einem Gewicht beschweren und verschließen. Das Glas auf einen Teller stellen und mit einem Geschirrtuch zudecken.

Nach 7–10 Tagen verkosten und je nach Geschmack entweder die Fermentation stoppen oder noch ein paar Tage weiter fermentieren lassen.

Fermentationsdauer: 7–30 Tage

Zwiebeln können durchaus auch lange fermentiert werden, da sie eine feste Struktur haben.

GROBES SAUERKRAUT MIT KAROTTEN UND PAPRIKA

Zutaten für ein 1-l-Glas:
1 kleiner Weißkrautkopf (ca. 600 g), 200 g Karotten, Paprika und Rote Rüben gemischt, 25 g Salz, 1 TL Kümmel, 5 Wacholderbeeren, 1 Lorbeerblatt
Salzlake: 15 g Salz in 500 ml lauwarmem Wasser auflösen.

Äußere Blätter vom Kraut entfernen, 1–2 Blätter davon zur Seite legen. Weißkraut vierteln und in grobe Stücke schneiden. Karotten in Scheiben und Paprika sowie Rote Rüben in Würfel bzw. Streifen schneiden und mit dem Kraut vermischen. Zuerst die Gewürze in das gründlich gereinigte Bügelglas geben, dann schichtweise das Gemüse. Gummidichtung anbringen. Das Glas mit Salzlake auffüllen. Zur Abdeckung die zur Seite gelegten Krautblätter auflegen, damit das Aufsteigen von Krautschnipseln an den Rändern verhindert wird. Ein Gewicht auflegen und darauf achten, dass alles gut unter der Lake ruht. Das Glas verschließen, auf einen Teller stellen und zudecken.

Fermentationsdauer: 6–8 Wochen

KAROTTEN MIT INGWER

Zutaten für ein 1-l-Glas:
600–700 g Karotten,
2–3 Scheiben Ingwer, 1 Zwiebel
Salzlake: 10 g Salz in 300 ml lauwarmem Wasser auflösen.

Nach 2–3 Monaten entwickeln die Karotten erst ein feines Aroma – und: die Geschmäcker sind so wunderbar verschieden!
Ich kann mich noch an mein erstes Glas erinnern: Karotten mit Sternanis. Ehrlich gesagt hat es mir erst wirklich gut geschmeckt, nachdem es ein Jahr fermentiert hatte …

Glas gründlich reinigen und Gummidichtung anbringen. Karotten schälen. Eine möglichst dicke Karotte der Länge nach mit einem Sparschäler in Streifen schneiden. Die restlichen Karotten und den Ingwer in Stifte oder Scheiben schneiden und in das saubere Glas füllen. Mit den Karottenstreifen die kleinen Karottenstücke gut abdecken, mit Salzlake auffüllen (2–3 cm unter den Glasrand), mit einem Gewicht beschweren und das Glas verschließen. Glas auf einen Teller stellen und mit einem Geschirrtuch zudecken.

Fermentationsdauer: 1–6 Monate, je nachdem, wie dick die Karottenstücke geschnitten sind.

KNOBLAUCH MIT KRÄUTERN

Zutaten für ein Halbliterglas:
200 g kleine Knoblauchzehen, je 2–3 Kräuterzweiglein von Rosmarin, Thymian, Majoran und Oregano, 1 EL gelbe Senfkörner, 1 Scheibe Zitrone
Salzlake: 10 g Salz in 250 ml lauwarmem Wasser aufgelöst.

Das Glas gut reinigen und die Dichtung anbringen. Zuerst kommen die Kräuter und Senfkörner hinein – die Kräuter sollen ganz unten auf dem Glasboden liegen und nicht nach oben »spitzeln«. Danach die geschälten Knoblauchzehen und zuletzt die Zitronenscheibe zur Abdeckung. Mit Salzlake begießen, mit einem Gewicht beschweren und verschließen. Glas auf einen Teller stellen und mit einem Geschirrtuch zudecken.

Nach 14–20 Tagen verkosten und je nach Geschmack entweder die Fermentation stoppen oder noch ein paar Tage weiter fermentieren lassen.

Fermentationsdauer: 2–3 Wochen

Plagt dich roher Knoblauch? Blähungen? Wenn du dennoch gern die gesundheitlichen Vorteile des Knoblauchs nutzen möchtest oder die schnelle Küche liebst, dann ist Knoblauchpaste wunderbar: einfach nach der Fermentation die Knoblauchzehen samt den Kräutern und Senfkörnern sowie etwas Lake pürieren und in kleinen Mengen zum Kochen verwenden.

Unbedingt Knoblauch mit »Einzelzehen« verwenden, am besten heimischen. Es mag verführerisch sein, Elefantenknoblauch oder chinesischen Knoblauch zu verwenden, da diese einfacher und schneller zu schälen sind, doch der heimische Knoblauch ist so vielfältig in Geschmack und Aroma – das Schälen lohnt sich, vertraue darauf. Du wirst süchtig danach werden. Der saure, fermentierte Knoblauch hat ein milderes Aroma als der frische und man kann ihn ganz einfach so essen, beispielsweise fein aufgeschnitten auf Kartoffelstampf, oder Schwarzbrot toasten und die Zehen einfach darauf zerreiben – herrlich!

Wundere dich nicht, wenn dein Knoblauch grün wird – das kann durchaus passieren. Es ist eine ganz natürliche Reaktion. Und wenn du ihn länger fermentierst, kann er sich auch wieder verfärben.

KNOLLENSELLERIE MIT KAROTTE UND APFEL

Zutaten für ein Halbliterglas:
400 g geschälte Knollensellerie und Karotten – gemischt, 1 kleiner Apfel, 3 dünne Zwiebelscheiben
Salzlake: 5 g Salz in 150 ml lauwarmem Wasser aufgelöst

Sellerie ist ein herrlich erdiges Knollengemüse. Die Sellerieknolle wird oft vernachlässigt, meist ist sie nur als kleine Scheibe beim Suppengemüse dabei. Hast du schon mal eine ganze Knolle verarbeitet? Nein? Dann probiere es mit diesem Rezept gleich aus. Du kannst Sellerie sehr lang fermentieren lassen, er wird immer besser! Und dann in kleinen Mengen zu Gemüsecremesuppen als Einlage servieren oder zu Waldorfsalat weiterverarbeiten.

Glas gründlich säubern und die Gummidichtung anlegen. Knollensellerie, Karotten und Apfel mit einem Julienne-Schneider fein schnipseln und in das Glas füllen. Das Glas schütteln, damit auch alles gut Platz hat, und die Zwiebelscheiben darauflegen. Mit Salzlake auffüllen, mit einem Gewicht beschweren und das Glas verschließen. Auf einen Teller stellen und mit einem Geschirrtuch zudecken.

Fermentationsdauer: 1–6 Monate, je nachdem, wie dick die Obst- und Gemüsestifte geschnitten sind.

KOHLSPROSSEN MIT CHILI UND ZITRONE

Zutaten für ein Halbliter-Glas:
1 Chili, 200 g Kohlsprossen,
3–4 dünne Zitronenscheiben
Salzlake: 10 g Salz in 250 ml lauwarmem Wasser auflösen.

Ein absolutes Highlight!

Die Chili mit einer Rouladennadel mehrmals einstechen, die Kohlsprossen halbieren. Beides in ein gründlich gereinigtes Glas schichten. Gummidichtung anlegen, das Gemüse mit Salzlake begießen, mit Zitronenscheiben gut abdecken und mit einem Gewicht beschweren. Glas verschließen, auf einen Teller stellen und zudecken.

Fermentationsdauer: 2–3 Wochen

KRÄUTERPASTE

Zutaten für ein Halbliterglas:
250 g beliebige frische Kräuter,
4 Knoblauchzehen, 1 Chilischote,
1 Scheibe Ingwer, 2 TL Salz,
3 EL Zitronensaft
Salzlake: 2 g Salz in 100 ml lauwarmem Wasser auflösen.

Alle Zutaten in einer Küchenmaschine fein pürieren und in ein sauberes Glas füllen. Darauf achten, dass keine Lufteinschlüsse vorhanden sind. Die Gummidichtung anlegen, das Glas mit Lake vorsichtig befüllen, damit nichts aufschwimmt, und verschließen.

Fermentationsdauer: 7–30 Tage

RADIESCHEN IN ZARTEM ROSA

Zutaten für ein 1-l-Glas:
500 g Radieschen, 1 Langpfeffer, 1 TL gelbe Senfkörner, je ¼ TL Fenchelpollen (oder Fenchelsamen) und Koriandersamen, 1–2 Wacholderbeeren
Salzlake: 15 g Salz in 500 ml lauwarmem Wasser auflösen.

Diese Radieschen schmecken zum Beispiel ganz fein als Einlage in einer Spargelcremesuppe.
Aus dem wertvollen frischen Grün der Bio-Radieschen am besten gleich eine wundervolle Salsa (Soße) machen – Salsa aus Radieschengrün (siehe Rezept).

Glas gründlich reinigen und Gummidichtung anbringen. Zuerst kommen die Gewürze hinein. Die Radieschen waschen, putzen und je nach Größe halbieren, vierteln oder achteln, danach gut ins Glas schichten. Mit Salzlake begießen, mit einem Gewicht beschweren und das Glas verschließen. Auf einen Teller stellen und mit einem Geschirrtuch zudecken.

Nach 5–7 Tagen, wenn sich die Radieschen gleichmäßig verfärbt haben, verkosten und je nach Geschmack entweder die Fermentation stoppen oder noch ein paar Tage weiter fermentieren lassen.

Fermentationsdauer: 5–14 Tage

RESTL-FERMENT

Zutaten für ein 1-l-Glas:
400 g kunterbuntes Gemüse (Karotten, Rote Rüben, Radieschen, Karfiol, Zwiebeln, Knoblauch), frische Kräuter nach Belieben, Senfkörner, Wacholderbeeren, 3 Zwiebelscheiben
Salzlake: 20–25 g Salz in 500 ml lauwarmem Wasser auflösen.

Du fährst auf Urlaub und hast noch Gemüse in der Gemüselade? Schneide alles klein und begieße es mit Salzlake. Wenn du vom Urlaub nach Hause kommst, ist dein Ferment fertig. Schneide das Gemüse nach seinem Gargrad: weiches Gemüse in größere Stücke, hartes Gemüse in kleinere Stücke.

Das Bügelglas heiß ausspülen und den Dichtungsgummi am Glasdeckel anlegen. Das Gemüse schälen und in Scheiben oder Würfel schneiden, so, wie du es gern essen magst. Zuallererst die Kräuter, Senfkörner und Wacholderbeeren in das Glas geben, dann die Gemüsestücke darauflegen und mit Salzlake begießen. Mit den Zwiebelscheiben abdecken, mit einem Gewicht beschweren und das Glas verschließen. Auf einen Teller stellen und zudecken.

Nach 14 Tagen verkosten und je nach Geschmack entweder die Fermentation stoppen oder noch ein paar Wochen weiter fermentieren lassen.

Fermentationsdauer: 2–8 Wochen, je nach Gemüse.

RHABARBER MIT ROSMARIN

Zutaten für ein Halbliterglas:
250 g Rhabarber, 1–2 Zweiglein Lavendel oder Rosmarin
Salzlake: 7 g Salz in 250 ml lauwarmem Wasser auflösen.

Die fermentierten Rhabarberstückchen schmecken wunderbar erfrischend in Sommer-Cocktails.
Rezept-Tipp: »Rhabarber-Cocktail mit Lavendel« (siehe Kapitel »Kulinarik«).
Tipp: Frischen Rhabarber in ein feuchtes Geschirrtuch einschlagen und im Kühlschrank aufbewahren, so bleibt er länger frisch und knackig.

Glas gründlich reinigen und Gummidichtung anbringen. Rhabarber in 5–7 mm breite Streifen schneiden. Zuerst kommt das Kräuterzweiglein ins Glas, dann der Rhabarber. Dicht an dicht ins Glas schichten. Mit Salzlake begießen, mit einem Gewicht beschweren und verschließen. Glas mit einem Geschirrtuch zudecken und auf einen Teller stellen.

Fermentationsdauer: 7–14 Tage

Frühling ist auch immer Rhabarberzeit. Bis Ende Juni gibt es sie, die herb-sauren roten und grünen Stangen (Blattstiele). Verziehst du schon beim Gedanken daran die Mundwinkel, oder liebst du den

Rhabarber – die Barbarenwurzel.

typisch sauren, zusammenziehenden Geschmack des Rhabarbers? Sein botanischer Name »Rheum rhabarbarum« erinnert an seine Herkunft und lautet frei übersetzt: »Wurzel der Barbaren«. Vor etwa 250 Jahren entdeckten Engländer, dass die fleischigen Stängel der Wildform essbar sind. Doch erst seit Zucker preiswert verfügbar ist, wird Rhabarber als Kompott, Chutney, Marmelade oder Kuchen, gern in Kombination mit Erdbeeren, zubereitet.

Der griechische Arzt Dioskurides (1. Jhdt. n. Chr.) nutzte getrockneten Rhabarber bei Magen- und Blasenleiden sowie bei Problemen mit der Milz und der Leber. Paracelsus nutzte die auch später immer wieder angewandte Wirkung als Abführmittel.

In der westlichen Schulmedizin wird Rhabarber als gesund eingestuft. Er steckt voller Mineralstoffe, wie Phosphor, Eisen, Kalium und Kalzium, wirkt blutreinigend, entschlackend und harntreibend. Im Frühjahr ist er für den Körper ein wahres Phlegma-Elixier. Einziger Wermutstropfen: Rhabarber enthält Oxalsäure. In kleinen Mengen ist sie für gesunde Erwachsene unbedenklich, bei Nieren- oder Gallenleiden, Diabetes, Rheuma oder Gicht solltest du aber besser auf Rhabarber verzichten oder nur kleine Mengen essen. Großzügiges Schälen und Blanchieren verringert den Oxalsäuregehalt.

Hier noch ein paar Rhabarberweisheiten:

- Obst oder Gemüse? Rhabarber zählt eigentlich zum Stängelgemüse. Doch als Gemüse hat sich der saure Rhabarber nicht durchgesetzt. Er wird vorwiegend in Kombination mit »süß« verwendet.
- Darf man Rhabarber nach dem 24. Juni noch ernten? Ja und nein. Ab Ende Juni muss die Pflanze Kraft für die nächste Saison sammeln, daher endet die Ernte jedes Jahr »offiziell« per 24. Juni.
- Muss man Rhabarber immer schälen? Nein, junge Stängel sind nicht fasrig und haben auch einen geringen Oxalsäuregehalt, da darf man die hübsche rote »Haut« gern dran lassen.
- Ist nur junger Rhabarber genießbar? Je älter die Pflanze, umso höher ist der Oxalsäureanteil, und junger Rhabarber schmeckt grundsätzlich milder als älterer.

ROTE RÜBEN MIT FRÜHLINGSZWIEBELN UND ANIS

Zutaten für ein Halbliterglas:
400 g geschälte, ungegarte Rote Rüben, 2 Frühlingszwiebeln, 1 Sternanis, 1 EL Zitronensaft, 15 g Salz, 70 ml Wasser

Öffnet man das Glas zu früh, kann es sein, dass das Gemüse schleimig wirkt. Das vergeht, wenn man es einfach noch länger fermentieren lässt.

Von den Rüben 2–3 dünne Scheiben als Abdeckung abschneiden. Die restlichen Rüben in ganz feine Stifte schneiden (am besten mit einem Julienne-Schneider), die Frühlingszwiebeln inklusive dem Grün in feine Ringe schneiden und alles in einer Schüssel mit Zitronensaft sowie Salz und Wasser vermischen. Eine Stunde ziehen lassen. Anschließend so lange kneten, bis eine saftige Lake entstanden ist.

Das Halbliterglas gründlich säubern und die Gummidichtung anlegen. Den Sternanis in das Glas geben und die Gemüsemischung so einfüllen, dass keine Luftbläschen eingeschlossen bleiben. Am besten mit einem Stampfer nachhelfen. Zur Abdeckung die Rübenscheiben darauflegen, dies verhindert das Aufsteigen. Ein Gewicht auflegen und darauf achten, dass alles gut mit Lake bedeckt ist. Das Glas schließen, auf einen Teller stellen und zudecken.

Fermentationsdauer: 2–4 Wochen

ROTE RÜBEN MIT KREN

Zutaten für ein 1-l-Glas:
650 g geschälte, ungegarte Rote Rüben, 50 g Kren, 5 Wacholderbeeren, 1 Zwiebel
Salzlake: 10 g Salz in 300 ml lauwarmem Wasser auflösen.

Mit Hanföl und frischem Zitronensaft beträufeln und als Rote-Rüben-Salat genießen.

Glas gründlich säubern und die Gummidichtung anlegen. Rote Rüben in 5–7 mm dicke Stifte und Kren in 1–2 mm dünne Scheiben schneiden. Wacholderbeeren in das Glas geben und das Gemüse daraufgeben. Glas schütteln, damit auch alles gut Platz hat. Die Zwiebel in vier Scheiben schneiden und als Abdeckung darauflegen. Mit Lake auffüllen und mit einem Gewicht beschweren. Das Glas verschließen, mit einem Geschirrtuch zudecken und auf einen Teller stellen.

Fermentationsdauer: 1–6 Monate, je nachdem, wie dick die Stifte geschnitten sind.

SALSA AUS RADIESCHENGRÜN

Zutaten für ein Halbliterglas:
100 g rote Zwiebeln, 15 g Knoblauch, 250 g frisches Radieschengrün oder Kräuter, 20 g Salz

Die Salsa für Aufstriche und Dips verwenden: 1 EL Salsa in 250 g Naturjoghurt einrühren, abschmecken, und fertig ist ein schneller Dip, der etwa wunderbar zu Kartoffelpuffern passt.

Alle Zutaten stückig häckseln, faschieren oder hacken und in das saubere Glas einfüllen. Gummidichtung anlegen, Glas mit einem Geschirrtuch zudecken und auf einen Teller stellen.

Fermentationsdauer: 7–10 Tage

SALZGURKEN

Zutaten für ein 2-l-Bügelglas:
Ca. 2 kg kleine Einlegegurken, 2 TL Senfkörner, 5 cm Kren in Scheiben, 2–3 Zweige Dille, Ribisel- oder Weinblätter, 1 Zwiebel in Scheiben
Salzlake: 50 g Salz in einem Liter lauwarmem Wasser auflösen.

Die Ribisel- oder Weinblätter und der hohe Salzgehalt der Lake sorgen dafür, dass die Gurken knackig bleiben.

Die Gurken vor dem Einlegen gut abbürsten und zwei Stunden in Eiswasser legen. Danach die Senfkörner, Krenscheiben und Dille in das gründlich gereinigte Glas füllen und den Dichtungsgummi anbringen. Gurken in das Glas schichten, Ribisel- oder Weinblätter darauflegen und mit den Zwiebelscheiben abschließen, damit nichts aufschwimmt. Mit Salzwasser begießen und einem Gewicht beschweren. Das Glas verschließen, mit einem Geschirrtuch zudecken und auf einen Teller stellen.

Fermentationsdauer: 2–3 Wochen

SALZIGE GEWÜRZZWETSCHKEN

Zutaten für ein 1-l-Glas:
1 kg saure, sehr feste, halbreife Zwetschken oder kleine Pflaumen, 100 g feines Meersalz, 2 kleine Rosmarinzweige, ½–1 TL Pfeffer, Zimt oder Lebkuchengewürz oder ein Gewürz nach Wahl

Das Glas gründlich säubern und die Gummidichtung anlegen. Die Früchte einschneiden und entkernen. Darauf achten, dass sie auch innen in Ordnung und nicht faul oder wurmig sind. Mit der Hälfte des Meersalzes vermischen und in das Glas geben, das restliche Meersalz daraufgeben und mit einem Gewicht beschweren. Glas verschließen und zudecken.

Am nächsten Tag mit einem sauberen Löffel durchmischen, wieder mit dem Gewicht beschweren und das Glas verschließen. Diesen Vorgang 2–3 Tage hintereinander wiederholen, damit sich genügend Lake bildet – etwa bis zur Hälfte des Glases. Wieder mit einem Gewicht beschweren und das Glas 20 Tage verschlossen und zugedeckt stehen lassen.

Ganz fein ist eine Paste aus fermentierten Zwetschken – verwende sie zum Verfeinern von Aufstrichen, Suppen oder Eintöpfen. Dafür die fermentierten Zwetschken mit etwas Lake pürieren.

Anschließend die Früchte abtropfen und die Lake im Kühlschrank aufbewahren. Die Früchte an einem trockenen, gut durchlüfteten Ort 4–7 Tage trocknen lassen, bis sie faltig, aber noch etwas weich sind.

Danach die Früchte je zur Hälfte in zwei kleinere Gläser füllen – mit je einem Rosmarinzweiglein. Dieses zuerst ins Glas geben und jeweils bis zu einem Drittel mit der aufbewahrten Lake befüllen. Weitere 2–3 Monate stehen lassen. Ein Glas davon mit Pfeffer oder Zimt bzw. Lebkuchengewürz vermischen – verwende ein Gewürz deiner Wahl. Vergleiche später, notiere es, und beim nächsten Mal weißt du gleich, welche Variante dir mehr zusagt.

Die Ume-Aprikose.

Die salzigen Gewürzzwetschken erinnern an Umeboshis. Ähnlich wie Kimchi in Korea, sind Umeboshis fixer Bestandteil in der »Fermente-Küche« Japans. Eingedeutscht werden sie »Salzpflaumen« genannt, dabei ist die Ume eigentlich eine Aprikosenart – die aber in Europa kaum zu bekommen ist. Die Ume-Früchte werden mit Shiso-Blättern eingelegt und bekommen dadurch ihre violette Farbe.

Therapeutisch werden Umeboshis auch auf ganz unkonventionelle Weise angewendet: äußerlich. Eine Umeboshi-Pflaume wird bei aufsteigender Übelkeit in eine Mullbinde gewickelt und mit einem Pflaster in den Nabel geklebt. Dort bleibt sie ca. 2–3 Tage. Der salzig-kalte Geschmack senkt den Energiefluss und lindert so die Übelkeit.

SALZZITRONEN IN SCHEIBEN

Zutaten für ein 0,75-l-Glas:
450 g Zitronen, 10 g Salz, 1 Zweig Rosmarin, Lavendel, Zitronenmelisse oder Zitronenverbene, 2 Zwiebelscheiben, ca. 100 ml Olivenöl
Salzlake: 10 g Salz in 400 ml lauwarmem Wasser auflösen.

Die Salzzitronen schmecken wunderbar mild. Püriert passen sie sensationell zu Fisch, Pecorino, Spargel, aber auch zu Dessertcremes mit Erdbeere, besonders wenn man sie mit Zitronenmelisse oder Zitronenverbene angesetzt hat.

Das Glas gründlich reinigen, die Dichtung anbringen und den Kräuterzweig einlegen. Die Zitronen in ca. 2 mm dünne Scheiben schneiden, mit 10 g Salz gleichmäßig bestreuen und in das Glas schichten. Mit der Salzlake auffüllen und mit den Zwiebelscheiben abdecken. Mit einem Gewicht beschweren und das Gefäß verschließen. Auf einen Teller stellen und zudecken.

Nach 1–2 Wochen die Salzlake teilweise abgießen – und zum Beispiel für Suppen oder Dressings verwenden.

Die fermentierten Zitronen in ein kleineres Glas umfüllen, mit gutem nativem Olivenöl auffüllen und im Kühlschrank aufbewahren.

SAUERKRAUT KLASSISCH

Zutaten für ein 1-l-Glas:
1 Weißkrautkopf (ca. 1,2 kg), 25 g Salz, 1 EL Kümmel

Hier die Zubereitung Schritt für Schritt miterleben – schau dir einfach mein Video an:

Du wirst es schmecken: Dieses selbst gemachte Sauerkraut hat einen ganz anderen Geschmack als das »Packerlkraut« aus dem Supermarkt. Es ist frisch und sauer! Einfach kein Vergleich. So sagenhaft gut!
Rezept-Tipp zur Weiterverarbeitung: Apfel-Sauerkraut-Salat (siehe Kapitel »Kulinarik«).

Die äußeren Blätter vom Kraut entfernen, 1–2 Blätter davon zur Seite legen. Das Weißkraut in Viertel schneiden und in einer großen Schüssel bis auf den Strunk fein hobeln. Kraut mit Salz vermischen und so lange kneten, bis ausreichend saftige Lake entstanden ist. Bügelglas gründlich reinigen und die Gummidichtung anbringen. Zuerst den Kümmel in das Glas geben dann schichtweise das Kraut so einstampfen, dass keine Luftbläschen eingeschlossen bleiben. Zur Abdeckung die zur Seite gelegten Krautblätter auflegen, damit das Aufsteigen von Krautschnipseln an den Rändern verhindert wird. Ein Gewicht darauflegen. Darauf achten, dass alles gut unter der Lake ruht. Das Glas verschließen, auf einen Teller stellen und zudecken.

Fermentationsdauer: 4–6 Wochen

SAUERKRAUT MIT PFIFF

Zutaten für ein 1-l-Glas:
1 Weißkrautkopf (ca. 1 kg),
25 g Salz, 2 Chilischoten, 1–2 TL Paprikapulver (genial mit geräuchertem Paprika), 1 EL Kümmel, 5 Wacholderbeeren

Die äußeren Blätter vom Kraut entfernen, 1–2 Blätter davon zur Seite legen. Weißkraut in Viertel schneiden und in einer großen Schüssel bis auf den Strunk fein hobeln. Die Chilis entkernen und in feine Streifen schneiden. Kraut mit Salz vermischen und so lange kneten, bis ausreichend saftige Lake entstanden ist, dann erst das Paprikapulver und die Chilis untermischen.

Das Bügelglas heiß ausspülen und den Dichtungsgummi am Glasdeckel anlegen. Zuerst den Kümmel und die Wacholderbeeren in das Glas geben. Schichtweise das Kraut in das Bügelglas stampfen, sodass keine Luftbläschen eingeschlossen bleiben. Zur Abdeckung die zur Seite gelegten Krautblätter auflegen, damit das Aufsteigen von Krautschnipseln an den Rändern verhindert wird. Alles soll gut mit Lake bedeckt sein. Ein Gewicht auflegen. Darauf achten, dass alles gut unter der Lake ruht. Das Glas verschließen, auf einen Teller stellen und zudecken.

Fermentationsdauer: 4–6 Wochen

Wenn die Chilis ins Spiel kommen, sollten beim Kneten des Krauts unbedingt Handschuhe getragen werden – und keinesfalls die Schleimhäute und Augen berührt werden. Das brennt wie Feuer!
Durch das Fermentieren wird das scharfe Kraut milder. Würze es bei Bedarf mit etwas Cayennepfeffer nach.

SAURES ROTKRAUT MIT ORANGE

Zutaten für ein 1-l-Glas:
1 Rotkrautkopf (ca. 1,2 kg),
25 g Salz, 1 TL Lebkuchengewürz,
1 Orangenscheibe

Das fermentierte Rotkraut rechtzeitig vor Weihnachten ansetzen und zu den Feiertagen servieren – oder als Geschenk vorbereiten.
Rezept-Tipp: Gefüllte Feuerfladen (siehe Kapitel »Kulinarik«).

Die äußeren Blätter vom Kraut entfernen, 1–2 Blätter davon zur Seite legen. Rotkraut in Viertel schneiden und in einer großen Schüssel bis auf den Strunk fein hobeln. Kraut mit Salz vermischen und so lange kneten, bis ausreichend Lake entstanden ist – du wirst feststellen, dass du bei Rotkraut länger kneten musst.

Zuerst das Gewürz in das saubere Bügelglas geben und die Orangenscheibe an die Glaswand »kleben«. Dann schichtweise das Kraut in das Glas stampfen. Darauf achten, dass keine Luftbläschen eingeschlossen bleiben. Gummidichtung am Glas anbringen. Zur Abdeckung die zur Seite gelegten Krautblätter auf das Kraut auflegen, damit das Aufsteigen von Krautschnipseln an den Rändern verhindert wird. Alles gut mit der roten Lake bedecken. Ein Gewicht auflegen und prüfen, ob alles gut unter der Lake ruht. Das Glas verschließen, auf einen Teller stellen und zudecken.

Fermentationsdauer: 4–6 Wochen

SCHARFE SALSA

Zutaten für ein 1-l-Glas:
2 EL Senfkörner, 120 g Frühlingszwiebeln, 1–2 frische Chilis,
170 g bunte Spitzpaprika,
150 g Cocktailtomaten
Salzlake: 10 g Salz in 400 ml lauwarmem Wasser auflösen.

Für die Fertigstellung:
1 TL Vanillezucker, 2 EL Tomatenmark,
1–2 EL Apfelessig,
Cayennepfeffer, Salz

Das Glas gründlich säubern und die Gummidichtung anlegen. Senfkörner ins Glas geben. Frühlingszwiebeln in Stücke schneiden, Chilis und Paprika entkernen und in große Stücke schneiden – ca. so groß, wie das Glas breit ist. Die Tomaten mit einer Rouladennadel oder einem spitzen Messer einstechen.

Nun alle Zutaten ins Glas schlichten, dabei mit den Paprikastücken als Abdeckung abschließen. Mit Lake auffüllen, mit einem Gewicht beschweren und das Glas verschließen. Glas mit einem Geschirrtuch zudecken und auf einen Teller stellen.

Fermentationsdauer: 7–10 Tage

Nach der Fermentationszeit das Gemüse abseihen und die Lake auffangen – in Dressings, Suppen, Aufstrichen oder Senf weiterverarbeiten.

Das Gemüse nun mit Vanillezucker und Tomatenmark bis zur gewünschten Konsistenz pürieren und eventuell noch mit Apfelessig, Cayennepfeffer und Salz abschmecken.

Die Salsa in ein sterilisiertes Glas umfüllen und als Dip zu Eigerichten, Gegrilltem, Fisch und/oder Gemüse servieren. Im Kühlschrank lagern.

SENFZWIEBELN

Zutaten für ein Halbliterglas:
500 g Zwiebeln, 15 g Salz,
1 EL Senfkörner, 2 Wacholderbeeren,
15 g Salz

Von den Zwiebeln vier dünne Scheiben als Abdeckung abschneiden. Die restlichen Zwiebeln in feine Ringe schneiden und mit dem Salz kräftig verkneten (evtl. Handschuhe anziehen), bis sich eine saftige Lake bildet. Das Glas gründlich säubern und die Gummidichtung anlegen. Die Wacholderbeeren andrücken und mit den Zwiebeln sowie den Senfkörnern vermischen. Alles samt der Lake in das Glas einfüllen. Darauf achten, dass keine Luftbläschen eingeschlossen sind, und zur Abdeckung die vorbereiteten Zwiebelscheiben auflegen. Ein Gewicht darauflegen. Alles sollte mit Lake gut bedeckt sein. Das Glas verschließen, auf einen Teller stellen und zudecken.

Fermentationsdauer: 2–4 Wochen

SPARGEL MIT SALBEI

Zutaten für ein 1-l-Glas:
400 g grüner oder weißer Spargel,
4–5 Blätter Salbei
Salzlake: 20–25 g Salz in 500 ml lauwarmem Wasser auflösen.

Spargel ist eine besondere Delikatesse – aber nichts für den Geruchssinn von Fermentier-Neulingen. Ja, man muss schon sagen, der Geruch gleich nach dem Öffnen des Glases ist schon sehr speziell. Aber – die Intensität vergeht nach einiger Zeit.

Videolink: So öffnet man das Glas am besten …

Den Spargel schälen und in 2–3 cm große Stücke schneiden. Zuerst die Salbeiblätter in das Glas geben, die Spargelstücke darauflegen und zuletzt mit der Salzlake begießen. Mit einem Gewicht beschweren und das Glas verschließen. Auf einen Teller stellen und zudecken.

Nach 7 Tagen verkosten und je nach Geschmack entweder die Fermentation stoppen oder noch ein paar Tage weiter fermentieren lassen.

Fermentationsdauer: 7–10 Tage. Weißer Spargel benötigt etwas länger als zarter grüner Spargel.

STANGENSELLERIE MIT MILDEM PFEFFER

Zutaten für ein 1-l-Glas:
500 g Stangensellerie, 1–2 TL rosa Pfeffer, 1–2 TL grüner Pfeffer
Salzlake: 14 g Salz in 500 ml lauwarmem Wasser auflösen.

Das Glas gründlich reinigen und die Gummidichtung anbringen. Den Stangensellerie in 5–7 mm breite Streifen schneiden. Zuerst kommen die Pfefferkörner ins Glas, dann den Stangensellerie dicht an dicht ins Glas schichten. Mit Salzlake begießen, mit einem Gewicht beschweren und verschließen. Das Glas mit einem Geschirrtuch zudecken und auf einen Teller stellen.

Fermentationsdauer: 7–14 Tage

STEIRISCHES KIMCHI

Zutaten für ein 1-l-Glas mit Gummidichtung:
25 g Buchweizenmehl, 120 g Salz, 2250 ml Wasser, 500 g Chinakohl, 50 g Kürbis, Karotte oder Rote Rübe, 20 g Kren (Meerrettich), 2–3 Knoblauchzehen, 50 g (Frühlings-)Zwiebeln, ½ TL Kurkumapulver, 3 EL edelsüßes Paprikapulver, 2–4 TL getrocknete Chiliflocken, 1 EL Fischsoße oder Sojasoße, 2 EL Kürbiskerne

2 Liter Wasser und Salz bei geringer Temperatur erwärmen – gerade so, dass sich das Salz auflöst. Währenddessen den Chinakohl quer zur Faser in 4–5 cm breite Streifen schneiden und in einen großen Kochtopf (ca. 3–4 Liter) geben. Die abgekühlte Salzlake über den Chinakohl gießen, mit einem Teller beschweren, den Kochtopf zudecken und mindestens 2–3 Stunden ziehen lassen.

Die Kürbiskerne in einer Pfanne sanft rösten, bis sie ploppen und duften. Aufpassen, die Kerne verbrennen rasch. Auskühlen lassen und hacken.

Bitte Vorsicht! Durch die Buchweizenpaste entsteht sehr viel Druck im Glas, der beim Öffnen blitzartig entweicht. Daher vor dem Öffnen ein Handtuch als Spritzschutz über das Glas legen und leicht an der Gummi-Lasche ziehen, damit bereits vor dem vollständigen Öffnen Kohlendioxid entweichen kann. Danach erst das Glas ganz öffnen.

Das Buchweizenmehl mit 220 g Wasser unter ständigem Rühren zu einer Paste einkochen und auskühlen lassen.

Das Gemüse – Kürbis (oder Karotte oder Rote Rübe), Knoblauch, Zwiebeln, Kren – fein reiben, raffeln oder mixen. Mit den Kürbiskernen, Paprika- und Kukumapulver, Chiliflocken und der Fisch- oder Sojasoße vermischen. Diese Mischung mit dem erkalteten Buchweizenbrei verrühren.

Das Bügelglas heiß ausspülen und den Dichtungsgummi am Glasdeckel anlegen. Den Chinakohl abseihen, abtropfen lassen und ausdrücken. In den Kochtopf zurückgeben und mit der Gemüse-Buchweizen-Mischung gut vermengen. In das Glas einfüllen und fest nach unten drücken. Glas verschließen, auf einen Teller stellen und mit einem Geschirr- oder Handtuch zudecken.

Fermentationsdauer: 3–7 Tage

Kulinarik – Wie und wo esse ich Fermentiertes dazu?

Wie isst man Fermentiertes, wo isst man es dazu? Darf man es kochen? Oder soll man es nur roh essen? Was mache ich jetzt bloß mit meinen Fermenten?

Du wirst erstaunt und überrascht sein von den vielschichtigen Aromen der Fermente, eine neue Welt wird sich dir eröffnen. Ja, durchaus ungewohnt und fremd. Erst sauer und frisch, dann herb und zusammenziehend. Wir sind diesen besonderen Geschmack nicht mehr gewohnt. Es braucht Zeit, ihn anzunehmen. Nimm dir diese Zeit.

Die Milchsäuregärung ist nicht nur deshalb Slow Food pur. Es ist zum einen schnell angesetzt, zum anderen benötigt es Zeit zu reifen – wie dein Gaumen. Die Zeit des Gärens und bis sich der richtige Geschmack einstellt, kann Wochen dauern, aber das bewältigt es ganz allein ohne weiteres Zutun.

Letztlich sind Fermente aber Fast Food. Wenn es schnell gehen muss und du keine Zeit zum Einkaufen von frischem Gemüse findest, ist ein Glas schnell geöffnet und eine wunderbar frische Ergänzung zu einer Mahlzeit. Kraftvoll und energiegeladen.

Fermentiertes Gemüse passt zu vielen Speisen:

Es schmeckt fein zu gebratenen und gedampften Kartoffeln, Kartoffelnudeln oder Knödeln, Wurzelgemüse aus dem Ofen, als Beilage zu Käse, auf der Pizza oder auf dem Brot, eingerollt in Wraps, Strudeln oder pikanten Palatschinken, in allen Sandwiches, zu vielen Eiergerichten, in Getreidesalaten, zu Eintöpfen, gratiniert aus dem Ofen und auch als Suppeneinlage.

Selbst zu Getränken kann man Fermente weiterverarbeiten (Cocktails, Smoothies). Im Sommer ist Lake, verdünnt mit Wasser, ein willkommenes Erfrischungsgetränk.

Zu weich gewordene Fermente lassen sich noch immer gut als Zutat einer Speise verkochen – zu Soßen, Pürees oder eingebacken in Muffins und Frittatas.

Fertige, übrig gebliebene Lake ist ein gutes Mittel zum Aromatisieren von Dressings, Aufstrichen, Suppen, Dips und Soßen.

Eigentlich gibt es keine Speise, wo Fermente nicht passen. Na ja, eventuell in Süßspeisen, doch auch da kann man sie integrieren – wenn man mag.

Lass deine Fantasie blubbern! :)

Rohes und Ungekochtes … einfach pur genießen

Roh genossen entwickelt fermentiertes Gemüse seine volle gesundheitliche Kraft. Die Milchsäurebakterien können sich frei entfalten. Doch wenn deine Verdauung an rohes Gemüse nicht gewohnt ist, dein Verdauungssystem zu schwach oder dir vielleicht oft kalt ist, dann hab keine Scheu, diese Rezepte zu überblättern und mit den erhitzten Zubereitungen zu starten. Wenn du es dennoch probieren willst, dann löffelweise. Taste dich langsam voran, ein bis zwei Esslöffel am Tag reichen fürs Erste. Bist du daran gewohnt, dann gibt es kaum ein Limit.

APFEL-SAUERKRAUT-SALAT

Zutaten für 2 Portionen:
1 kleine rote Zwiebel, 1 großer Apfel, ½ Bio-Zitrone, 200 g Sauerkraut, 1–2 EL Hanfsamen, 1–2 EL Hanföl, Pfeffer, 1 Prise Zucker, Kümmel

Dieser Salat ist eine erfrischende Idee für ein sommerliches Grillfest und kann wunderbar schon einen Tag vorher zubereitet werden.

Die Zwiebel fein hacken, den Apfel entkernen, raspeln und mit dem Abrieb und Saft der halben Zitrone, Hanföl sowie dem Sauerkraut vermischen. Mit Pfeffer, Zucker und Kümmel abschmecken. Den Salat etwa eine Stunde durchziehen lassen und danach noch einmal kräftig abschmecken.

Hanf ist fantastisch! Er ist eine der ältesten Nutzpflanzen der Welt und wird komplett verwertet. Von A bis Z. Kennst du die Trends »Nose to Tail« oder auch »Root to Leaf«? Beides, so könnte man meinen, basiert auf der alten Tradition der Verwendung von Hanf.

Hanf ist buchstäblich in die Geschichtsbücher eingegangen: 1450 hat Gutenberg die erste Bibel auf Hanfpapier gedruckt. Ohne der Hanftaue und Hanfsegel, mit denen Kolumbus über die Weltmeere segelte, wären wir in Europa wohl erst sehr viel später in den Genuss vieler köstlicher Lebensmittel gekommen: Tomaten, Mais, Kartoffeln und viele mehr wurden letztendlich erst durch die vielseitige Nutzung von Hanf in den europäischen Speiseplan aufgenommen.

Geschälte und ungeschälte Hanfsamen.

Der sogenannte Nutzhanf, den wir ideal in unsere tägliche Ernährung integrieren können, hat einen hohen ernährungsphysiologischen Wert. Hanfsamen sind wunderbar verträglich, es gibt kaum allergische Reaktionen oder Verdauungsbeschwerden. Das macht sie auch so wertvoll für Nussallergiker. Apropos Verdauung, Hanf enthält viele Ballaststoffe.

Die ungeschälten Hanfsamen sind eine beliebte Knabberei, denn unter der harten Schale verbirgt sich ein weicher Kern. Neben der guten Verdaulichkeit sind auch das Protein und die Fettsäuren nennenswert. Speziell in der pflanzlichen Ernährung hat Hanf einen hohen Stellenwert. Es lohnt sich also, Hanf öfter in Alltagsgerichten einzubauen. Nebenbei ist sein nussiges Aroma auch einfach köstlich.

BELUGALINSENSALAT MIT FERMENTIERTEM SPARGEL, NACKTHAFER UND ERDBEEREN

Zutaten für 4 Personen:
150 g Nackthafer, 400 ml Gemüsesuppe, 200 g Belugalinsen, Salz, Kümmel, 1–2 Frühlingszwiebeln, Essig, Hanf- oder Walnussöl, Senf, Pfeffer, Zucker, Bohnenkraut, 300 g fermentierter Spargel, 250–300 g Erdbeeren, 125 g Feta

Nackthafer in Gemüsesuppe 1–2 Stunden einweichen und dann kochen (das Einweichen verkürzt die Kochzeit). Belugalinsen in Salzwasser mit Kümmel kochen, bis sie weich, aber nicht zerfallen sind. Die Frühlingszwiebeln mit dem Grün in Ringe schneiden. Linsen abseihen und noch warm mit den Frühlingszwiebelringen und einer kräftigen Marinade aus Essig, Öl, Lake des fermentierten Spargels, Senf, Salz, Pfeffer, Kümmel, einer Prise Zucker und etwas Bohnenkraut vermischen und mindestens 20 Minuten ziehen lassen. Danach wiederum nach Belieben abschmecken.

Die Erdbeeren putzen und in kleine Stücke schneiden, den Feta zerbröseln. Je nach Geschmack entweder alles mit dem gekochten Nackthafer vermischen oder separat anrichten.

Hülsenfrüchte wurden schon in der Steinzeit geschickt angebaut: Da sie frostempfindlich sind, wurden sie zum Schutz zwischen Hafer und Gerste gesät. Diese Methode zeigt auch auf, wie wichtig die Kombination von Hülsenfrüchten und Getreide ist – nicht nur die Symbiose in der Wachstumsphase, sondern auch der gemeinsame Verzehr. Die Ergänzung der Aminosäuren erhöht die Wertigkeit dieser Kombination – und gemeinsam mit den Mikroben des Spargels und der fruchtigen Note der Erdbeeren ergibt das hier erfrischendes, nährendes Soul Food pur.

BOHNENAUFSTRICH MIT FERMENTIERTEN TOMATEN

Zutaten:
250 g gekochte weiße Bohnen,
30 g vom Öl der Tomaten oder Hanföl, 2 EL Tomatenmark,
50–80 g fermentierte Tomaten,
3–4 getrocknete, in Öl eingelegte Tomaten, 1–2 EL frische Kräuter, Salz, Pfeffer, Zitronensaft

Tipp: Gekochte Bohnen noch warm pürieren und als Bohnenpüree mit gebratenen Pilzen und einer Scheibe getoastetem Roggensauerteigbrot als Mittagessen servieren.

Die Bohnen mit Öl, Tomatenmark und fermentierten Tomaten pürieren. Getrocknete Tomaten und Kräuter fein hacken und mit dem Püree vermischen. Bei Bedarf noch etwas Lake zugeben und mit Salz, Pfeffer und Zitronensaft abschmecken.

ERDÄPFELSALAT MIT GEWÜRZZWIEBELN

Zutaten für 2 Portionen:
500 g Erdäpfel, 150 g Lake der Gewürzzwiebeln, 80 g fermentierte Gewürzzwiebeln, 2 EL Hanföl, 1 Prise Zucker, Salz, Pfeffer, Majoran, Muskat, Schnittlauch

Tipp: Bunte Erdäpfel sorgen für Abwechslung im Salat – es gibt sie auch in Lila und Rot.

Die Erdäpfel kochen, schälen und noch heiß in Scheiben schneiden. Mit der Lake der Gewürzzwiebeln vermengen. Die Gewürzzwiebeln in mundgerechte Stücke schneiden und mit den restlichen Zutaten vermischen. Auskühlen lassen, kräftig abschmecken und servieren.

FRUCHTIGES SALATDRESSING

Zutaten:
75 ml Olivenöl, 100 ml fermentierte Lake, Saft einer Zitrone, 100 g Himbeeren oder weiche, entkernte Marillen, ¼ TL Paprika edelsüß, 1–2 EL Honig, ¼ TL Anis, Salz, Pfeffer

Tipp: Die Lake bestimmt den Geschmack. Sehr gut passt hier die Lake von fermentiertem Fenchel.

Alle Zutaten kräftig mixen und abschmecken. Im Kühlschrank aufbewahren und beispielsweise Bittersalate wie Chicorée oder Endivie damit marinieren.

GEFÜLLTE FEUERFLADEN MIT SAUREM ROTKRAUT, APFEL UND RUMPSTEAK

Zutaten für 6 Stück:
Teig: 50 g Butter, 185 ml Mandeldrink, 1 TL Kümmel, 1 TL Anis, 1 Msp. Kurkuma, 1 TL Salz, 300 g Mehl
Fülle: 400 g Rumpsteak (oder Entenbrust) im Ganzen, Öl oder Butterschmalz, 1 Rosmarinzweig; 200 g Frischkäse, 1 großer Apfel, 100 g saures Rotkraut, Thymian, Salz, Pfeffer, frisches Basilikum

Tipp: Der Fladenteig lässt sich gut im Kühlschrank aufbewahren. Bei Bedarf ein Stückchen abzupfen, ausrollen und frisch in der Pfanne backen. So kann man sich seine Feuerfladen immer wieder neu gefüllt auch zum Frühstück gönnen.

Ob Feuerfladen, Feuerfleck oder Pfannenbrote – sie alle entstanden beim Brotbacken, um zu prüfen, ob das Feuer die richtige Temperatur hatte. Heute eignen sie sich super als Fingerfood und zum Mitnehmen – in Butterbrotpapier gewickelt. Man kann sie mit allem füllen, was man so zu Hause hat – sie sind ideal zur Resteverwertung.

Mandeldrink in einem Topf erwärmen, die Butter darin schmelzen und mit Kümmel, Anis, Kurkuma und Salz würzen. Vom Herd nehmen, das Mehl einrühren, verkneten und mindestens eine Stunde rasten lassen – auch gern länger.

In einer Pfanne etwas Öl oder Butterschmalz und einen Rosmarinzweig erhitzen. Rumpsteak mit Salz und Pfeffer würzen, von beiden Seiten scharf braten, Temperatur zurückschalten und 5–10 Minuten ziehen lassen, dabei nochmals wenden. Dann das Fleisch in ein Stück Backpapier wickeln und ruhen lassen.

Den Teig in sechs gleich große Stücke teilen, zu Kugeln schleifen, auf Pfannengröße ausrollen und bei mittlerer Temperatur in etwas Butterschmalz von beiden Seiten in der Pfanne backen.

Gleich nach dem Backen die Feuerfladen Stück für Stück in feuchtes Küchenpapier einschlagen – dadurch werden sie weich und lassen sich perfekt formen.

Für die Creme den Apfel raspeln und mit Frischkäse, Pfeffer und Salz vermischen. Die Fladen damit bestreichen. Das Fleisch ganz fein in 1–2 mm dünne Tranchen schneiden und darauflegen. Saures Rotkraut und frisches Basilikum darauf verteilen und einrollen oder zusammenklappen.

KÄFERBOHNENSALAT MIT SENFZWIEBELN

Zutaten für 2 Portionen:
250 g gekochte Käferbohnen, 100 g Senfzwiebeln, 2 EL Kürbiskerne, 2 EL Buchweizen, Salz, Pfeffer, Bohnenkraut, 1 Spitzpaprika, 1 Handvoll Bittersalat (Radicchio, Chicorée etc.), 2 EL Kürbiskernöl

Tipp: Zusätzlich fermentierte Rote Rüben oder Karotten untermischen. Käferbohnen sind die großen Feuerbohnen, die so typisch für die Steiermark sind – sie finden sich dort mit Kernöl in jeder traditionellen Buschenschank auf der Speisekarte.

Käferbohnen mit den Senfzwiebeln vermischen und ziehen lassen. Kürbiskerne und Buchweizen unter ständigem Rühren in einer Pfanne ohne Fett rösten, bis es duftet und die Kürbiskerne ploppen. Bittersalat und Paprika in Streifen schneiden. Die Käferbohnen mit Salz und Pfeffer kräftig abschmecken, mit Bohnenkraut, dem Bittersalat sowie den Paprikastreifen vermischen, mit Kürbiskernöl beträufeln und mit Kürbiskernen sowie Buchweizen bestreut servieren.

KÖRNIGER SENF

Zutaten:
70 g gelbe Senfkörner, 150 ml fermentierte Lake (z. B. von Salzgurken), 4 EL braune Senfkörner, 8 EL fermentierte Lake, 50 g Essig, 50 g Honig, 1 Spritzer Zitronensaft, 1 Msp. Kurkuma, ½ TL Salz

Senf benötigt Zeit, um zu reifen. Erst nach zwei bis drei Wochen sind die Aromen verknüpft und verbunden. Es entsteht Harmonie im Glas.

Die gelben Senfkörner mit 150 ml fermentierter Lake in ein Glas füllen. Die braunen Senfkörner in ein weiteres Glas mit 8 EL fermentierter Lake füllen. Beide Gläser im Kühlschrank mindestens drei Tage ziehen lassen.

Danach die gelben Senfkörner mit der Lake sowie Essig, Honig, Zitronensaft, Kurkuma und Salz pürieren und mit den braunen Senfkörnern vermischen. Diesen körnigen Senf nun wiederum in ein großes, gründlich gereinigtes Glas füllen und 2–3 Wochen reifen lassen. Danach abschmecken und servieren.

»Seinen Senf dazugeben« – diese Redewendung stammt vermutlich aus dem 17. Jahrhundert, aus einer Zeit, in der Senf etwas ganz Besonderes war. Senf war kostbar, und so gaben jene, die es sich leisten konnten, überall Senf dazu. Es war eine protzige Geste, ob er nun geschmacklich passte oder nicht – gleich einem ungefragten Ratschlag. In diesem Sinn entwickelte sich auch die bekannte Redewendung.

Doch Senf galt nicht nur ob seiner Würze als wertvoll, er wird seit jeher auch als wunderbares Heilmittel geschätzt. Die alten Mediziner wussten um seine Wirkung und empfahlen sogar Senfbäder gegen Erkältungen. Senf regt an! Auch den Appetit und die Verdauung. Die scharfen Geschmacksstoffe, die Senfölglykoside, kurbeln die Fett- und Eiweißverdauung an, und so wird Senf gern zu schwer verdaulichen Speisen serviert, etwa zu Schweinsbraten, Würsteln, Käse, Pilzen und in der Salatmarinade.

Senfblüte in leuchtendem Gelb.

NEUN-KRÄUTER-SUPPE MIT KAROTTENEINLAGE

Zutaten für 6 Portionen:
1 Zwiebel, 1 EL Butter, 200–250 g Knollensellerie oder Kohlrabi, 900 ml Gemüsesuppe, Salz, Pfeffer, Muskat, 100 g Sauerrahm, 100 ml fermentierte Lake, je eine Handvoll 9 frische Kräuter (siehe Seite 183), 1 TL Abrieb einer Bio-Zitrone; 2 hart gekochte Eier, 100 g fermentierte Karotten

Zum Thema Haltbarkeit: Bitte glaub es – die fermentierten Karotten auf dem Rezeptfoto sind von 2016! Sie sind auch 2021 noch einwandfrei und schmecken richtig gut.

Die Zwiebel grob schneiden und in Butter dünsten, Knollensellerie bzw. Kohlrabi schälen, in Stücke schneiden und zu den Zwiebeln geben. Mit Suppe aufgießen und weich kochen. Gewürze, Kräuter (einige für die Dekoration aufheben), Sauerrahm, Lake und Zitronenschale dazugeben, kräftig pürieren und abschmecken.

Suppeneinlage: gekochte, gehackte Eier und fermentierte Karotten. Die Suppe mit Kräutern dekorieren und servieren.

Dieses Rezept beruht auf einer sehr alten Frühlingsspeise, zu der es viele Geschichten, Mythen und Legenden gibt.

»Ach, du grüne Neune« … wie kam es zur Neun-Kräuter-Suppe?

Die 9 wird in der TEM als magische Zahl betrachtet. Das Drei-mal-Drei steht für die Trinität aus Körper, Geist und Seele, die bereits den alten Germanen bekannt war. Die Neun war als spirituelle Wertschätzung der Natur den Pflanzengeistern gewidmet – für die aufkeimende Vegetation, die nährt und heilt. Zu ihren Ehren wurde danach die erste Frühlingsspeise benannt: die Neun-Kräuter-Suppe. Sie war kulinarischer Mittelpunkt des ersten Frühlingsfests. Bereits in früher Vorzeit wurde das Ende der dunklen Wintermonate mit einem großen Fest gefeiert – rund um den ersten Frühlingsvollmond, zur selben Zeit, zu der wir heute Ostern feiern. Es war üblich, diese Neun-Kräuter-Suppe über mehrere Tage zu sich zu nehmen. Man gierte richtig nach den ersten frischen Pflanzen, die nach der langen Winterzeit Vitamine, Mineralstoffe und Lebensenergie brachten, die die Säfte nährten und das kalte, überschüssige Phlegma des Winters bewegten und gegebenenfalls ausleiteten.

Die Neun-Kräuter-Suppe als »Detox« der alten Europäer.

Die Sehnsucht nach frischem Grün war groß. Die Suppe selbst darf man sich nicht als Suppe, wie wir sie heute kennen, vorstellen, sie war eher breiartig und dicklich, kräftig und gehaltvoll.

Welche Wildpflanzen sich tatsächlich in der Suppe befanden, ist nicht genau überliefert. Die würzige Gundelrebe und die eisenhaltige Brennnessel waren mit Sicherheit immer dabei – beide wurden von den alten Germanen sehr verehrt. Die restlichen Wildkräuter wurden als buntes Potpourri, abhängig von Ort und Vegetation, verwendet. Hier eine Liste möglicher Zutaten:

1. **Gundelrebe** … wirkt entzündungshemmend im Magen-Darm-Bereich.
2. **Brennnessel** … stimuliert die Ausleitung und hat eine stark reinigende Wirkung.
3. **Schafgarbe** … hat neben ihrer entzündungshemmenden, blutungswidrigen Eigenschaft einen großen symbolischen Charakter. Sie steht für Schutz und Kraft bei großen Veränderungen. Schafgarbe schmeckt stark bitter – nur eine kleine Handvoll verwenden.
4. **Löwenzahn** … ist reinigend und eröffnend. Die ersten zarten Blätter vertreiben die Frühjahrsmüdigkeit und die Blüten sorgen für gute Laune.
5. **Gänseblümchen** … stärken das Immunsystem und aktivieren die Schleimhäute.
6. **Giersch** … vitalisiert den ganzen Körper.
7. **Vogelmiere** … schmeckt nach frischen Erbsen und zartem Mais und lindert die Frühjahrsmüdigkeit.
8. **Taubnessel** … wirkt schleimlösend bei Atemwegserkrankungen.
9. **Bärlauch** … weckt den Bären in dir ;)

Auf der Tradition der Neun-Kräuter-Suppe beruht auch der bekannte Creme-Spinat, den wir zu Gründonnerstag so schätzen. Die Neun-Kräuter-Suppe hingegen ist die ursprünglichere Version. Wie findest du diese Inspiration? Bereitest du diesmal diese Kräutersuppe zu? Die fermentierten Karotten sind eine wundervolle, knackige Einlage.

RHABARBER-COCKTAIL MIT LAVENDEL

Für 1 Getränk:
70 ml Tonic Water, 50 ml Mineralwasser, 2 EL fermentierter Rhabarber mit Lake, 1 EL Lavendelblütensirup, 1 Lavendelzweig, 2–3 Himbeeren, Eiswürfel

Alle Zutaten in einem Glas verrühren. Wer möchte, gibt noch 20 ml Gin dazu. Zum Wohl!

Wissenswertes über den Lavendel … wohltuend duftend

Lavendel ist mein Lieblingskraut – im Juli ist er in Höchstform. Am Hauseingang platziert, ist er ein frischer, duftender Willkommensgruß. Beim Heimkommen kurz mit den Händen darüberstreichen und den Duft genießen, dann weißt du, nun bist du zu Hause! Der Duft ist traumhaft – ja, man kommt ins Träumen, eine wohltuende

Wirkung geht von Lavendel aus. Sowohl für den Geist als auch für den Körper. Lavendel ist ein wahres Multitalent: die Inhaltsstoffe der Blüten wirken beruhigend, blähungswidrig und gallentreibend. Ein gekühltes Lavendelsäckchen auf die Stirn gelegt, kann speziell bei Einschlafstörungen, Migräne, nervöser Erschöpfung, Stress, Angstgefühlen und innerer Unruhe die Symptome lindern. Auch im Wäschekasten nützt Lavendel: ein Säckchen mit Blüten, zwischen die Wäsche gelegt, wirkt gegen Insekten.

In der TEM wird Lavendel – der warm und trocken im 2. Grad wirkt – bei einem Übermaß an Melanchole gern eingesetzt. Beim Melancholiker gilt es, den Magen zu erwärmen und die Verdauungskraft zu stützen. Oft ist Nervosität mit Verdauungsproblemen gekoppelt, und da bietet Lavendel gute Unterstützung. Lavendel reinigt die Nerven und wärmt den Magen.

Lavendel in seiner vollen Pracht.

In Südfrankreich schwört man auf die Kräutermischung »Herbes de Provence«: vier Würzkräuter – Rosmarin, Oregano, Bohnenkraut und Thymian –, denen oft noch Lavendel beigemischt wird. Prise für Prise beruhigend und entblähend. Frische »Kräuter der Provence« dürfen im Sommer nicht fehlen, sei es in pikanten oder süßen Speisen. Auch zu herrlichen Sommerfrüchten wie Marillen, Ribiseln, Kirschen, Weichseln passt der Lavendel. Schließlich geht es in der Vorratsküche, in Marmelade, Kompott und Röster, nicht ohne ihn.

Lavendel ist nicht nur für uns Menschen ein richtiges Labsal, er ist ein wahres Paradies für Bienen. Auch Schmetterlinge umschwärmen ihn, wenn er in voller Blüte steht, von früh bis spät. Ein unentwegtes Summen begleitet die Blütezeit. Er ist voller Nährstoffe. Voller Duftstoffe.

Speziell wegen der Bienen finde ich es besonders wichtig, nicht zu viel Lavendel zu ernten. Nur ganz wenig, sparsam und bedacht. So soll er auch eingesetzt werden. Nur nicht zu viel davon! Speisen und Getränke könnten als »seifig« wahrgenommen werden. Ja, Lavendel ist als Duftstoff für Parfums und Seifen sehr beliebt – und wird dann oft damit in Verbindung gebracht.

So, nun nach all der Schwärmerei für den Lavendel nicht darauf vergessen, den Cocktail mit einem Lavendelzweig aufzuputzen und zu genießen.

ROTE-RÜBEN-RISOTTO MIT FETA UND FERMENTIERTEM GEMÜSE

Zutaten für 2 Portionen:
500 g rohe Rote Rüben, 1 Zwiebel, 1 EL Öl, 1–2 Msp. Kreuzkümmel, 120 g Risottoreis, 90 ml fermentierte Lake, 300 ml Gemüsesuppe, 2 EL kalte Butter, Salz, Pfeffer, 120 g Feta, 2–3 EL fermentiertes Gemüse, zum Beispiel Spargel

Rote Rüben und Zwiebel in feine Würfeln schneiden und mit Kreuzkümmel in Öl dünsten. Reis waschen und zum Gemüse geben. Nach und nach unter ständigem Rühren die Suppe zugeben. Gegen Ende der Garzeit die Lake und kalte Butterstückchen unterrühren und mit Salz und Pfeffer abschmecken. Mit zerbröseltem Feta und fermentiertem Gemüse als Topping servieren.

ROTE SOLEIER

Zutaten für ein Dreiviertelliterglas:
5 Eier, 350–400 ml Lake, z. B. von fermentierter Roter Rübe mit Kren

Durch die Salzlösung werden die Eier konserviert. Zusätzlich kann man die Lake mit Gewürzen verfeinern: Thymian, Fenchel, Anis, Senfsamen passen sehr gut und geben ihr Aroma auch an die Eier ab.
Aus den bunten Soleiern kann man wunderbar gefüllte Eier zubereiten. Oder man hackt die Eier grob und verwendet sie als Topping für eine Gemüsecremesuppe.

Die Eier ins kochende Wasser einlegen und 10–12 Minuten kochen. Dann sofort unter fließendem kaltem Wasser abschrecken und schälen. Das Einmachglas gründlich reinigen, die Eier einlegen und mit Lake übergießen, sie sollen gut bedeckt sein. Mit einem Gewicht beschweren und das Glas verschließen. Die Eier 2–3 Tage in der Lake liegen lassen. In dieser Zeit verfärbt sich das weiße Eiklar rosa. Der Dotter kommt nach 4–6 Tagen dran, je nachdem, wie groß die Eier sind und wie intensiv die Lake gefärbt ist.

WALDORFSALAT

Zutaten für 2 Portionen:
2–3 EL Walnüsse, ½ Bund Petersilie oder eine Handvoll (Bitter-)Salatblätter, 1–2 Äpfel, 125 g Crème fraîche, 1 EL Hanföl, 1 Handvoll Weintrauben, 200 g fermentierten Knollensellerie mit Karotten, 1 Prise Zucker, Salz, Pfeffer, Zitronensaft

Tipp: Waldorfsalat mit gebratenen Hühnerfiletstreifen als Hauptspeise servieren. Auch als Vorspeise mit Käsewürfeln schmeckt er wunderbar.

Walnüsse und Petersilie bzw. Salatblätter grob hacken, Äpfel entkernen und in kleine Würfel schneiden. Weintrauben halbieren. Alle Zutaten mit dem fermentierten Sellerie, der Crème fraîche, Öl und Gewürzen vermischen und mit etwas Zitronensaft abschmecken.

WILDER SMOOTHIE

Zutaten für 4 Gläschen:
100 g Sauerkraut oder ein anderes Gemüseferment, 1 entkernter Apfel, 1 Scheibe Ingwer, 4–5 Blättchen Zitronenverbene, eine Handvoll Weintrauben, 1 TL Walnussöl und 100–150 ml Wasser oder Lake

Den Smoothie in kleine Gläschen füllen und schmauen – nein, das ist kein Schreibfehler. Schmauen kommt von schmecken und kauen. Smoothies schmecken gelöffelt viel besser, und speichle sie gut ein – so gönnst du deinem Körper alle wertvollen Substanzen und schonst deine Verdauung. Denn ein Smoothie, schnell getrunken, und wenn er auch noch kalt ist, kann Magen und Darm ganz schön herausfordern. Darum probier's doch einfach aus, das Schmauen.

Alle Zutaten in einen starken Mixer geben, Flüssigkeit nach Vorliebe der Konsistenz dazugeben und kräftig mixen. Wohl bekomms!

Frisch gekocht – Ja, tue es!

Verwehre dir nicht den Genuss von gekochten bzw. erhitzten Fermenten. Auch wenn das Erwärmen der Fermente über 47 °C die probiotische Wirkung verringert, tut das dem Geschmack keinen Abbruch. Ist deine Verdauung nicht an die volle Kraft der Milchsäurebakterien gewohnt, ist es sogar ratsam, sich zu Beginn an die gekochten Fermente zu wagen. Danach Schritt für Schritt erst an den rohen, ungegarten Fermenten laben.

BUCHWEIZENLAIBCHEN MIT GEWÜRZZWIEBELN

Zutaten für 2 Portionen:
90 g Buchweizen, 180 ml Gemüsesuppe, 60 g gekochte Bohnen, 30 g Gewürzzwiebeln (siehe Rezept), Petersilie, Salz, Pfeffer, Kümmel, Butterschmalz oder Öl

Nimm statt den Gewürzzwiebeln gern auch Senfzwiebeln oder fermentierten Fenchel und Paprika, diese schmecken auch hervorragend in den Laibchen.

Den Buchweizen in der Gemüsesuppe aufkochen und ziehen lassen. Die Bohnen mit einer Gabel zerdrücken und die Gewürzzwiebeln sowie die Petersilie hacken. Wenn der Buchweizen fertig gekocht ist, mit allen Zutaten vermischen und abschmecken. Bei Bedarf noch etwas Lake von den Gewürzzwiebeln dazugeben. Mit feuchten Händen vier kleine Laibchen formen und in etwas Butterschmalz oder Öl von beiden Seiten knusprig braten. Mit einer Salzgurke servieren.

FENCHEL-KARTOFFEL-TALER

Zutaten für 2 Portionen:
300 g Kartoffeln, 1 Karotte, 180 g gekochte Kichererbsen oder Bohnen (frisch oder aus der Dose), 160 g fermentierter Fenchel und Paprika mit Vanille, ½ TL Salz, 2 TL Majoran, 1–2 Prisen Kurkuma, je 2–3 Prisen Muskatnuss und frisch gemahlener Pfeffer, 1 TL Paprikapulver, 1 TL gemahlener Kümmel, Butterschmalz oder Öl zum Ausbacken
Schnittlauchsoße: 100 g Sauerrahm, ½ Bund Schnittlauch, Salz, Pfeffer, Zitronensaft

Anstelle des fermentierten Fenchels und Paprikas kannst du auch Sauerkraut, fein geschnitten, verwenden.

Kartoffeln, Karotte und Kichererbsen bzw. Bohnen in Salzwasser weich kochen oder dämpfen und abseihen. Fermentierten Fenchel und Paprika ausdrücken und fein hacken. Das gekochte Gemüse zerstampfen und mit den Gewürzen sowie dem zerkleinerten Fenchel und Paprika vermischen.

Aus dieser Kartoffelmasse mit einem Eisportionierer (so werden alle Taler gleich groß) Kugeln ausstechen und in die Pfanne setzen, bei mittlerer Hitze goldbraun anbacken. Erst wenn die Unterseite kräftig gebacken ist, die Kugeln wenden. Dann erst flach drücken und die zweite Seite goldbraun backen. Die Taler auf einer Küchenrolle abtropfen lassen und mit Schnittlauchsoße servieren.

FISCHSUPPE À LA BORSCHTSCH

Zutaten für 2 Portionen:
2–3 kleine Kartoffeln, 500 g Fischfond, Salz, Pfeffer, Kümmel, 200 g (Lachs)-Forelle, 1–2 EL fermentierte Rote Rüben, frischer Oregano und frischer Kren (Meerrettich)

Kartoffeln in kleine Würfel schneiden und im Fischfond leicht köcheln lassen. Mit Salz, Pfeffer und Kümmel würzen. Fischfilet auf Wunsch häuten, trocken tupfen und in mundgerechte Stücke schneiden. Die Suppe von der Herdplatte nehmen und nicht mehr kochen. Fisch und Rote Rüben einlegen. Mit Oregano und frisch geriebenem Kren servieren.

Fischfond selbst gemacht:
Eine ganze Forelle filetieren. Die Gräten und den Fischkopf beiseitelegen. Etwas Öl in einem Topf erhitzen. 1 Schalotte und 1 Stangensellerie in Scheiben schneiden und mit den Gräten 3 bis 4 Minuten leicht farblos rösten. Den Fischkopf hinzugeben und mit etwas Wein ablöschen. Ein Lorbeerblatt und zwei Wacholderbeeren dazugeben und mit Wasser bedecken. Einmal kurz aufkochen und den Schaum abschöpfen. Dann 30 Minuten zugedeckt ziehen lassen. Abseihen und fertig ist der Fischfond.

KARTOFFELSTRUDEL MIT FERMENTIERTEN KOHLSPROSSEN

Zutaten für 4 Portionen:
Strudelteig: 200 g glattes Weizenmehl, 125 ml lauwarmes Wasser, 1 Prise Kurkuma, 1 Prise Salz, 1 EL Sonnenblumenöl
Kartoffelfülle: 700 g Kartoffeln, 1 Zwiebel, 1 Ei, 1 TL Salz, ½ TL Kümmelpulver, etwas frisch gemahlener Pfeffer, ½ TL Kümmel, 2–3 Prisen Muskatnuss, ½ TL Paprikapulver, 1 TL Majoran, 5–10 Blättchen Petersilie, 100 g fermentierte Kohlsprossen

Alle Zutaten für den Strudelteig zu einem geschmeidigen Teig verkneten. Mit öligen Händen zu einer Kugel formen und in einer verschließbaren Box mindestens 30 Minuten bei Zimmertemperatur rasten lassen.

Währenddessen die Kartoffeln kochen, schälen und zerstampfen. Zwiebel fein hacken, in etwas Öl andünsten, zu den Kartoffeln geben und auskühlen lassen. Petersilie hacken. Alle Zutaten mit Ei, den Gewürzen und den Kohlsprossen vermischen.

Den Teig auf einem gut bemehlten »Strudeltuch« (altes Tischtuch oder großes Geschirrtuch; notfalls die Teigmenge halbieren und zwei Strudel zubereiten) mit einem Nudelholz etwa 3 mm dünn ausrollen, zudecken und kurz entspannen lassen.

Nun kommen die Hände ins Spiel: Lege zuerst deine Ringe und deine Uhr ab, damit der Teig nicht daran aufreißt. Greife mit beiden Händen zwischen den Teig und das Strudeltuch – die Handrücken zeigen nach oben und sind leicht gekrümmt. Sobald der Teig direkt auf den beiden Handrücken liegt, entferne sie voneinander und bewege sie gleichmäßig hin und her. Der Teig ist elastisch genug, dass er sich diesen Bewegungen anpasst und dünner wird, ohne zu zerreißen. Dann schneide die dickeren Ränder des Teigs ab.

Gib die Fülle auf das erste Drittel des Teigs und bestreiche den Rest mit etwas Öl. Schlage die Seitenränder ein und rolle den Strudel mithilfe des Tuchs auf. Den Strudel mit der Teignaht nach unten auf ein Backblech gleiten lassen, nochmals mit Öl einstreichen. Bei 170 °C etwa 30–35 Minuten backen – und dabei den Duft genießen.

KRAUTFLEISCH MIT WILDKRÄUTERKNÖDELN

Für 6 Portionen:

Krautfleisch: 2–3 große Gemüsezwiebeln, 3 EL Butterschmalz, 700–900 g Schweinefleisch von der Schulter, 3 EL Tomatenmark, ½ EL gemahlener Kümmel, 2–3 EL edelsüßes Paprikapulver, nach Wunsch 1 TL rosenscharfes Paprikapulver, ½ EL Zucker, 100 ml trockener Weißwein, ¼ l Gemüsesuppe, Salz, frisch gemahlener Pfeffer, Sauerkraut (1-l-Glas), 200 g Joghurt

Wildkräuterknödel: 2 Eier, 200 ml Mandeldrink, etwas abgeriebene Zitronenschale, 1–2 TL Salz, etwas frisch geriebener Muskat und gemahlener Pfeffer, 250 g Semmelwürfel, 1 große Zwiebel, 40 g Butter, 1 große Handvoll Wildkräuter (Löwenzahnblätter, Gundelrebe, Gänseblümchen, Taubnessel, Brennnessel, Spitzwegerich …)

Die Zwiebeln in feine Streifen schneiden und in Butterschmalz dünsten, bis sie glasig sind. Fleisch in Würfel schneiden und kräftig mit den Zwiebeln anrösten. Tomatenmark und Gewürze zugeben und erhitzen. Mit Weißwein und Gemüsesuppe aufgießen und ca. 20 Minuten köcheln.

Das Sauerkraut hinzugeben und weitere 30–40 Minuten köcheln, bis das Fleisch weich ist und das Kraut einen angenehm weichen Biss hat. Mit Salz und Pfeffer abschmecken.

Die Eier mit dem Mandeldrink und den Gewürzen versprudeln und über die Semmelwürfel gießen, vermischen und ziehen lassen. Währenddessen die Zwiebel fein hacken und in der Butter glasig dünsten. Die Wildkräuter hacken und mit den Zwiebeln und der Semmelwürfelmasse vermischen. Wasser in einem Dampfeinsatz erhitzen, 12 kleine Knödeln formen und ca. 20 Minuten dämpfen.

Das Krautfleisch mit Knödeln, Joghurt und Kräutern servieren.

Joghurt oder Sauerrahm zum deftigen Krautfleisch bringt eine erfrischende Note, vor allem, wenn das Fleisch kräftig mit scharfem Paprika gewürzt wurde.

KÜRBISSCHNECKEN MIT KIMCHI GEFÜLLT

Zutaten für 12 Stück:
400 g Kürbis, 140 ml (Pflanzen-) Milch, 40 g weiche Butter, 1 TL Zucker, 20 g frische Germ (Hefe), 1 Ei, 500 g Mehl, 1 TL Salz, 1–2 TL Paprikapulver, 1 TL Majoran; 100 g Hartkäse, 200–300 g Gemüseferment deiner Wahl (Tipp: Durch die Süße des Kürbis passt scharfes Kimchi super – aber auch jedes andere Ferment passt sehr gut), Kürbiskerne zum Bestreuen

Als Alternative kann man aus dem Teig auch Kreise ausstechen, mit Ferment belegen, verschließen, in flüssige Butter tauchen und als Buchteln in einer Auflaufform backen.

Den Kürbis schälen, in Stücke schneiden, dämpfen oder im Backofen bei 180 °C Ober- und Unterhitze ca. 30 Minuten garen. Danach in einer großen Schüssel zerstampfen, etwas auskühlen lassen und mit Milch, Butter und Zucker vermischen. Wenn die Masse nur noch handwarm ist, die Germ, das Mehl, Salz, Paprikapulver, Majoran und Kümmel dazugeben und alles gut verkneten. Zudecken und so lange gehen lassen, bis sich die Masse verdoppelt hat.

In der Zwischenzeit den Käse reiben und das Ferment gut abtropfen lassen.

Wenn der Teig genügend aufgegangen ist, auf der Arbeitsplatte zu einem Rechteck ausrollen und mit dem geriebenen Käse und dem Ferment bestreuen. Einrollen, in 2 cm dicke Scheiben schneiden und mit Kürbiskernen bestreuen. Auf einem mit Backpapier belegten Backblech verteilen und 30–40 Minuten bei 180 °C backen. Die Schnecken warm oder kalt servieren.

LAMMKRONE AUF ROTEM SAUERKRAUTSPIEGEL

Zutaten für 2 Portionen:
Soße: Ca. 100 g fermentiertes Rotkraut, 50 g Marillenmarmelade, 50 g Hollerkoch, 250 ml Rotwein, ½ TL Lebkuchengewürz, 1 EL kalte Butter
1 Lammkrone, Butterschmalz, 1 Zweig Rosmarin, 2 Knoblauchzehen, Salz, Pfeffer

Für dieses Rezept am besten (Rot-) Kraut oder ein anderes Ferment verwenden, das zu lange fermentiert wurde und zu weich geworden ist.

Alle Zutaten für die Soße 30–40 Minuten köcheln lassen, bis das Rotkraut richtig weich und mürbe ist. Eventuell noch etwas Rotwein oder Lake zugeben. Ganz zum Schluss ein kleines Stück kalte Butter zugeben und die Soße pürieren.

Die Lammkrone salzen und pfeffern und in etwas Butterschmalz mit frischem Rosmarin und den Knoblauchzehen von allen Seiten anbraten. Dann 15 Minuten zugedeckt auf minimaler Hitze oder im Backofen bei 90 °C rasten lassen. Vor dem Servieren eventuell nochmals kurz in der Pfanne anwärmen. In Tranchen schneiden und mit der Soße anrichten.

Dazu passt hervorragend Selleriepüree:

400 g Knollensellerie und 200 g Kartoffeln in ca. 100 ml Mandelmilch weich kochen, stampfen, etwas Butter dazugeben und mit Salz, Pfeffer und einer Prise Muskat abschmecken.

SAUERKRAUT KLASSISCH GEKOCHT

Zutaten für 6 Portionen:
1 Zwiebel, 1 EL Butter, ¼ TL Vanillezucker, 1 kg Sauerkraut, 100 ml Gemüsesuppe, ½ TL Pfefferkörner, 5–7 Wacholderbeeren, 1–2 Lorbeerblätter, ½ TL Kümmel, Salz, Zitronensaft

Die Zwiebel in feine Streifen schneiden und mit Vanillezucker in etwas Butter dünsten. Das Kraut, die Suppe und die Gewürze zugeben und bis zum gewünschten Biss gar kochen – das dauert 15–20 Minuten. Mit Salz und Zitronensaft abschmecken und servieren.

SCHNELLES SAUERKRAUTPFANDL

Zutaten für 2 Portionen:
300 g Rinderfaschiertes, 2 EL Tomatenmark, 2 EL Oregano, 3 Frühlingszwiebeln, 2 kleine bunte Minipaprika, Pfeffer, Kümmel, Salz, 200 g saures Rotkraut, frischer Thymian

Ein rasches Mittagessen – es ist in 15 Minuten fertig. Je nach Gusto gibt es Kartoffeln, Reis oder Nudeln dazu.

Rinderfaschiertes mit Tomatenmark kräftig anbraten. Oregano zugeben. Frühlingszwiebeln inklusive dem Grün in Ringe schneiden und untermischen. Paprika in Streifen schneiden und untermischen. Mit Pfeffer und Kümmel abschmecken. Das saure Rotkraut unterheben und erwärmen. Nochmals, wenn nötig, mit Salz abschmecken und mit frischem Thymian servieren.

Tipp: Dieses Gericht schmeckt auch mit klassischem weißem Sauerkaut sehr gut.

WÜRZIGES ROTKRAUT MIT KARAMELLISIERTER BIRNE

Zutaten für 2 Portionen:
1 Zwiebel, 1 TL Vanillezucker, 1 EL Butter, 400 g fermentiertes Rotkraut, ½ Zimtstange, 1 Sternanis, 100 ml Rotwein, 1 Birne, Zitronensaft, 2 EL Zucker, 1 TL Butter, Salz, Saft einer Orange

Die Zwiebel in feine Streifen schneiden oder hacken und mit Vanillezucker in 1 EL Butter in einem Topf kurz dünsten. Das fermentierte Rotkraut und die Gewürze dazugeben und den Rotwein angießen. Zugedeckt 15–20 Minuten gar kochen, bis das Kraut den gewünschten Biss hat.

In der Zwischenzeit die Birne schälen, entkernen, in Spalten schneiden und mit etwas Zitronensaft beträufeln, damit sie nicht braun wird. In einer Pfanne Zucker und Butter langsam unter Beobachtung erhitzen, bis der Zucker schmilzt. Dann sofort die Birnenspalten hineingeben und darin schwenken.

Das fertig gekochte Rotkraut mit Salz und Orangensaft abschmecken und mit den karamellisierten Birnen servieren.

Danke ... es kommt von Herzen

Ein herzliches Dankeschön ans Leben! Ein kolossales Leben! Nie hätte ich gedacht, ein Buch zu schreiben – und jetzt hast du mein zweites Buch in Händen. Motiviert von Freunden, von der Familie – von meinem Mann. Robert wusste es wahrscheinlich besser als ich, welch intensive Zeit auf uns gemeinsam zukommt. Und er hat mir wieder den Freiraum gegeben, den ein Buch so in Anspruch nimmt – hat mit mir die Höhen und Tiefen des Schreibens gemeistert. Mich aufgebaut, wenn es gerade gar nicht ging, mich laufend bestärkt und angespornt. Er hatte viel »Freizeit«: Obwohl ich da war, war ich nicht da.

Ja, so ist das: Man schreibt und schreibt und schreibt – man kocht und kocht – man fermentiert und fermentiert – man fotografiert und fotografiert. Und dann liest man, recherchiert und schreibt wieder, kocht und fotografiert wieder.

Große Unterstützung fand ich auch durch zwei lieb gewonnene Wegbegleiterinnen: Maria Haslehner und Elisabeth Kainz-Eisenberger. Beide sind TEM-Ernährungsexpertinnen. Wir haben diskutiert, sie haben fermentiert, sie haben mich inspiriert. Ein herzliches Danke euch beiden für eure unglaubliche Unterstützung, eure Freundschaft und eure Expertise.

Ja, und dann ist da noch eine liebe Freundin, die mich in den Zeiten des intensiven Schreibens regelmäßig zum Sport abgeholt hat – fast hätte ich auf Bewegung vergessen, aber Sandra hat sich regelmäßig um meine Fitness gekümmert.

Hast du das Cover bewundert? Ein herrlicher, erfrischender Blickfang. Stefan Mayer hat meine Fermente gekonnt in Szene gesetzt – dafür ganz lieben Dank Stefan.

Ich schreibe immer so einfach drauf los, Satzzeichen sind da oftmals die größte Nebensache der Welt – doch zum Glück gibt es Sabine Thöne. Ihr Lektorat ist mehr als bloß Satzzeichen – sie gibt dem Buch den letzten Schliff. Lieben Dank Sabine für dein Feingefühl.

Ja, so ein Buch entsteht nicht »einfach so«. Es ist für mich keine Selbstverständlichkeit, vom Ennsthaler Verlag die Möglichkeit bekommen zu haben, dieses zweite Buch zu verwirklichen. Dafür bin ich dankbar.

Es gab und gibt wirklich viele, die mich auf meinem Weg unterstützen. Robert. Elisabeth & Maria. Sandra. Claudia & Monika. Stefan. Ilse. Ein herzliches Danke meinen Freunden, meinen Eltern, meiner Oma und nochmals meiner Familie – sie gehören definitiv zu jenen, die es mir ermöglichten, die Welt so zu sehen, wie ich sie sehe: positiv und immer mit einem Lächeln. Diese Grundeinstellung findet sich auch in den Buchillustrationen von Amir wieder. Bunt und fröhlich veranschaulichen sie die Welt der Temperamente und der Fermente.

Herzlichst danke!
Michaela Hauptmann

Das war's noch nicht … bleiben wir in Kontakt

Dieses Buch bietet dir neben dem Einstieg in die Welt des Fermentierens auch einen kurzen Überblick über die Diätetik der Traditionellen Europäischen Medizin (TEM). Manches war bestimmt ganz neu für dich und bei einigen Dingen kam sicher ein Ah, ein Oh. Ja klar!

Manches hat dich bestimmt auch zum Nachdenken angeregt. Nun, damit soll es nicht aufhören. Es gibt so viel mehr! Wäre doch schade, es dabei zu belassen. Wenn dich weitere Themengebiete rund um die Ernährung der TEM und das Fermentieren interessieren, es Bereiche gibt, die du intensiver erforschen möchtest, oder sich Fragen ergeben haben, so sollen diese nicht unbeantwortet bleiben.

Daher meine Einladung an dich: Melde dich bei »temperamentvoll essen« an. Gemeinsam lässt sich vieles leichter bewältigen.

Ich freue mich, mit dir in Kontakt zu bleiben!
Herzlichst
Michi

Auf meiner Homepage **www.michaelahauptmann.com** findest du neben vielen anderen Informationen auch einen Temperamente-Test. Melde dich auch zum Newsletter an und werde Teil der »fermentierenden« TEM-Gemeinschaft.

Bildnachweis

- Fotos von Michaela Hauptmann, wenn nicht anders vermerkt
- Mohnblumen: Claudia Fuchs (siehe Rezept »Pikantes Mohnpesto«, Seite 69)
- Coverfoto: Stefan Mayer, Fotostudio Mayer mit Hut, https://www.mayermithut.com
- Illustrationen: Amir Abou-Roumie Illustrations, www.amirabouroumie.com
- Die im Buch verlinkten QR-Codes führen zu Videos, die durch ein wunderbares Projekt entstanden sind. Die Videos zu den getrockneten Tomaten, der Himbeermarmelade und dem Sauerkraut wurden in Zusammenarbeit mit der Sonderausstellung »Ablaufdatum«, die 2020–2021 im Naturhistorischen Museum Wien zu sehen war, von Christina Rittmannsperger gefilmt. Ein herzliches Dankeschön für dieses wundervolle Projekt und diese tolle Ausstellung – danke an die Projektleitung unter Dr. Reinhard Golebiowski.

S. 16: iStock.com/leonard_c (Buchstabe T); iStock.com/pjohnson1 (Buchstabe E); iStock.com/arthobbit (Buchstabe M)
S. 22: iStock.com/hobo_018
S. 25: iStock.com/Martin Barraud
S. 26: iStock.com/HQuality Video
S. 47: iStock.com/AnnaPustynnikova
S. 52: iStock.com/Rocky_89
S. 53: iStock.com/robynmac
S. 54: iStock.com/Mariha-kitchen
S. 55: iStock.com/sorbetto
S. 60: iStock.com/agmit
S. 62: iStock.com/sanddebeautheil
S. 64: iStock.com/FGorgun
S. 67: iStock.com/Christian Fischer
S. 68: iStock.com/katyenka
S. 74: iStock.com/Sarsmis
S. 79: iStock.com/ipolonina
S. 82: iStock.com/Whiteway
S. 93: iStock.com/Gajus
S. 97 und S. 111: iStock.com/fcafotodigital
S. 98: iStock.com/talkrixel

S. 103: iStock.com/Eshma (Teststreifen);
iStock.com/blue67sign (Keramikgärtopf)
S. 104: iStock.com/Ilya_Starikov
S. 105: iStock.com/kvkirillov (Kartoffelstampfer)
S. 106: iStock.com/daboost
S. 107: iStock.com/didecs
S. 113: iStock.com/Romariolen
S. 115: iStock.com/morningarage
S. 121: iStock.com/Avector
S. 122: iStock.com/chameleonseye
S. 123: iStock.com/grebcha
S. 136: iStock.com/ekwd
S. 141: iStock.com/Pinkybird
S. 144: iStock.com/Magone
S. 147: iStock.com/corners 74
S. 149: iStock.com/Prostock-Studio
S. 151: iStock.com/NRuedisuell
S. 152: iStock.com/PaulMaguire
S. 157: iStock.com/TokioMarineLife
S. 159: iStock.com/gabort 71
S. 164: Klaus Ranger
S. 165: iStock.com/Harahliad
S. 166: iStock.com/Harahliad
S. 167: iStock.com/Victorburnside
S. 171: iStock.com/VvoeVale
S. 179: iStock.com/Stefan Tomic
S. 180: iStock.com/Mahmudul Hassan
S. 182: iStock.com/AlexRaths
S. 188: iStock.com/Fascinadora
S. 199: iStock.com/zeleno
S. 204: iStock.com/izusek

Regionale Küchenbegriffe

In den Küchen der deutschsprachigen Länder gibt es teilweise große sprachliche Unterschiede, was Lebensmittel, Speisen und vieles rund ums Kochen anbelangt. Um Licht ins Dunkel zu bringen und Missverständnissen vorzubeugen, sei die folgende Übersicht hier angeführt. Sie umfasst in alphabetischer Reihenfolge die gängigsten Unterschiede zwischen österreichischen und deutschen Begriffen, die in diesem Buch verwendet werden.

Österreichisch – deutsch

abschrecken – kalt abschwemmen
Dirndl – Kornelkirsche
Eierschwammerl – Pfifferlinge
Eiklar – Eiweiß
Schwammerl – Pilze
Erdapfel – Kartoffel
Faschiertes – Hackfleisch
Fisolen – grüne Bohnen
Holler – Holunder
Käferbohnen – Feuerbohnen
Karfiol – Blumenkohl
Kohlsprossen – Rosenkohl
Kraut – Kohl
Kren – Meerrettich
Marille – Aprikose
Paradeiser – Tomate
Palatschinke – Pfannkuchen
Ribisel – Johannisbeere
Rindsuppe – Fleischbrühe
Rosine – getrocknete Weinbeere
Rote Rübe – Rote Beete
Rotkraut/Blaukraut – Rotkohl
(Sauer-)Rahm – saure Sahne
(Schlag-)Obers – (Schlag-)Sahne
Zwetschke – Zwetschge, Pflaume

Rezeptindex

Alle Rezepte wurden von mir selbst entwickelt und mehrmals getestet. Freunde, Familie und Workshopbesucher haben die Rezepte für sehr gut befunden. Sie sollen dich inspirieren und dir die vielfältigen Möglichkeiten beim Kochen und Fermentieren aufzeigen. Schmecke die Rezepte nach deinem Gusto und deinem Temperament ab. Und nun – temperamentvolles Kochen & fröhliches Blubbern!

Literaturverzeichnis

(alphabetisch nach Buchtiteln gereiht)

- Alte Heiler. Ein neuer Weg zu den Wildkräutern, Judith Koch, 2016, Freya Verlag.
- Aroma. Die Kunst des Würzens, Thomas A. Vierich/ Thomas A. Vilgis, 2017, Stiftung Warentest.
- Astrologische Konstellationen und Aspekte als Teil universeller Ganzheitstherapie, Franz Matz, 1992, Sommer-Verlag.
- Bakterien im Darm: 100 Billionen Freunde, Hanno Charisius, DIE ZEIT, Nr. 12/2014.
- Biologie, Neil A. Campbell/Jane B. Reece, 2011, Pearson Studium.
- Brot backen, Thermomix-Kochbuch, 2018, Vorwerk.
- Charakterkunde der 4 Temperamente, Randy Rolfe, 2003, Integral Verlag.
- Darm mit Charme, Giulia Enders, 2015, Ullstein.
- Darmbakterien als Schlüssel zur Gesundheit. Neueste Erkenntnisse aus der Mikrobiom-Forschung, Anne Katharina Zschoke, 2014, Knaur.
- Das große Buch vom Oxymel. Medizin aus Honig und Essig, Gabriela Nedoma, 2019, Aesculus Verlag.
- Das Heilwissen der Mönche und Kräuterhexen, Dr. med. Berndt Rieger, 2011, Nymphenburger.
- Das Räuchern. Klement Möhler, 1978, Alzey.
- Das römische Kochbuch des Apicius, übersetzt von Robert Maier, 2014, Reclam.
- Das zweite Gehirn. Wie der Darm unsere Stimmung, unsere Entscheidungen und unser Wohlbefinden beeinflusst, Emeran Mayer, 2016, Riva.
- Die Botschaften unseres Körpers. Ganzheitliche Gesundheit ohne Medikamente, Jean-Pierre Barral, 2010, Südwest Verlag.
- Die Kunst des Fermentierens, Sandor Ellix Katz, 2015, Kopp.
- Die Neandertaler. Genies der Eiszeit, Dirk Husemann, 2005, Campus Verlag.
- Dr. Hufeland's Hausapotheke, Reprint 1912, 2013, Verlag Rockstuhl.
- Ernährung und Fasten als Therapie, Rainer Stange/Claus Leitzmann (Hrsg.), 2010, Springer.
- Europäische Esskultur, Gunther Hirschfelder, 2005, Campus.
- Fasten für ein neues Lebensgefühl, Elisabeth Rabeder, 2018, Kneipp Verlag.
- Fermentieren, Kirsten K. Shockey/Christopher Shockey, 2014, Löwenzahn.
- Food. Die ganze Welt der Lebensmittel, Christian Teubner, 2001, Teubner Edition.
- Gemüse. Getreide. Obst. Die Küche als Apotheke, Dr. med. univ. Petra Maria Orina Zizenbacher, 2005, Natur.Heil.Kunst Verlag.
- Geschmacksrevolution Fermentieren. Gemüse und Obst easy und abwechslungsreich, Ingrid Palmetshofer, 2020, Kneipp Verlag.
- Gesundheit aus der Apotheke Gottes, Maria Treben, 97. Auflage 2017, Ennsthaler Verlag.
- Gesundheit durch Heilkräuter, Richard Willfort, 2010, Rudolf Trauner Verlag.
- Handbuch der Heilpflanzen, Bernhard Kranzberger, Stefan Mair, 2005, Bechtermünz.
- Heilkraft der Klosterernährung, Pater Kilian Saum et al., 2007, Verlag Zabert Sandmann.
- Heilpflanzen der Traditionellen Europäischen Medizin, Angelika Prentner, 2017, Springer.
- Heilpflanzen. Signatur & Botschaft, Claudia Ritter, 2016, Ulmer.
- Heimische Kräuter- und Gewürzpflanzen. Verwendung in der Küche. Bedeutung in der TEM, Maria Haslehner, Diplomarbeit, 2017.
- Heimische Nahrungspflanzen als Heilmittel, Claudia Ritter, 2013, AT Verlag.
- Hildegard von Bingen: Mond & Sonne, Heidelore Kluge, Moewig Verlag.
- Hildegards Energieküche, Ulli Zika, 2017, Kneipp Verlag.
- Hippokrates. Meister der Heilkunst, Hellmut Flashar, 2016, C.H. Beck.
- Humoralmedizin – Grundlagen und Einsatz, Patrick Seiz/Thomas Moser, 2018, ML Verlag.
- Humoralmedizinische Praxis, Band 1 und Band 2, Friedemann Garvelmann/Christian Raimann, 2018, Bacopa Verlag.
- Kleines ABC der Humoralmedizin, Deutsche Heilpraktiker-Zeitschrift 2015, 11(03), Karl F. Haug Verlag in MVS Medizinverlage Stuttgart GmbH & Co. KG.

- Klinische Ernährungsmedizin, Maximilian Ledochowski (Hrsg.), 2010, Springer Verlag.
- Kochen durch die Epochen. Von der Steinzeit bis ins Mittelalter, Achim Werner/Jens Dummer, 2015, Konrad Theiss Verlag.
- Kraft und Balance der Elemente. Über das Heilen mit den Kräften der Natur, Dr. med. Berndt Rieger, 2012, Createspace.
- Krankes erkennen und heilen, Dr. med. Herbert Flaskamp, 2012, Createspace.
- Kursbuch gesunde Ernährung. Die Küche als Apotheke der Natur, Ingeborg Münzing-Ruef, 2010, Heyne.
- Kursbuch Kneipp, Hildegard Kreiter/Helene Roschatt, 2010, Kneipp Verlag.
- Lehrbuch der Umweltmedizin, Wolfgang Dott (Hrsg.) et al., 2002, Wissenschaftliche Verlagsgesellschaft.
- Medizin der 4 Temperamente, Dr. Karl-Heinz Steinmetz/ Dr. med. Robert Zell, 2012, Gräfe und Unzer.
- Meine Wasserkur, Sebastian Kneipp, 2010, Trias Verlag.
- Mit Ernährung heilen, Prof. Dr. Andreas Michalsen, Insel Verlag.
- Nahrhafte Landschaft 3, Michael Machatschek, 2015, Böhlau.
- Natürlich gesund mit Kneipp, Dr. med. Robert Bachmann/ German M. Schleinkofer, 2013, Trias.
- Österreichisches Lebensmittelbuch, Codex Alimentarius Austriacus, Kap. B28, Punkt 1.1.1., Stand vom 27.1.2016.
- Paracelsusmedizin. Altes Wissen in der Heilkunst von heute, Olaf Rippe et al., 2016, AT Verlag.
- Praktische Kneipp-Anwendungen, Resi Meier, 2007, Jopp-Oesch-Verlag.
- Praxis-Lehrbuch Heilpflanzenkunde, Ursel Bühring, 2010, Haug Verlag.
- Psychoendokrinologie und Psychoimmunologie, Ulrike Ehlert/Roland von Känel, 2011, Springer.
- Schlau mit Darm, Prof. Dr. Michaela Axt-Gadermann/ Regina Rautenberg, 2016, Südwest.
- Sebastian Kneipp. Der fünfzehnte Nothelfer, Christian Feldmann, 2012, Pustet Verlag.
- Selbst gemacht!, Thermomix-Kochbuch, 4-teilige Buchreihe, Vorwerk.
- Spektrum der Wissenschaft: Mikrobiom, Kompakt 03/17.
- Traditionelle Europäische Medizin. Altes Heilwissen zeitgemäß anwenden, Dr. Karl-Heinz Steinmetz; Dr. med. Regina Webersberger, 2019, Kneipp Verlag.
- Traditionelle Europäische Medizin. Lehrbuch und Atlas zur TEM, Arnold Mayer, 2013, Foitzick Verlag.
- Traditionelle Europäische Medizin. Das große Praxisbuch der westlichen Heilkunst, Siegfried Wintgen, Dr. med. Regina Webersberger, 2015, Kneipp Verlag.
- Typen und Temperamente, Reinhold Ruthe, 2016, Brendow.
- Wie man eyn teutsches Mannsbild bey Kräfften hält, H. Juergen Fahrenkamp, 2012, Random House.
- Winzige Gefährten. Wie Mikroben uns eine umfassende Ansicht vom Leben vermitteln, Ed Yong, 2016, Kunstmann.
- Zu Tode gegart und trotzdem vital?, Elisabeth Kainz-Eisenberger, Diplomarbeit, 2017.

Internet-Quellen:

- Facebook-Gruppe »Wilde Fermente«, moderiert von Isa Pasterk (www.wildefermente.de), https://www.facebook.com/groups/wildefermente/
- Internationale und englischsprachige Facebook-Gruppe »Wild Fermentation«, https://www.facebook.com/groups/WlidFermentation/?fref=ts
- Karl, Sandra: Milchsäure (Laktat) – Unterstützung für Darm und Leber, http://www.netzwerk-frauengesundheit.com/milchsaeure-laktat-unterstuetzung-fuer-darm-und-leber/
- Konservierung von Lebensmitteln mit und ohne Chemie, Heidrun Seabert/Holger Wöhrmann, http://www.städel.de/schriften_LS/Soznat-Archiv/SoznatH33-Seabert-Konservierung.pdf
- Handschriftliches Werk mittelalterlicher medizinischer Fachsprache, 15. Jahrhundert, http://www.handschriftencensus.de/
- https://www.ages.at/themen/lebensmittelsicherheit/fluessige-lebensmittel/milch/
- http://www.spektrum.de/news/dein-darm-ist-was-du-isst/1408962 |
- http://science.sciencemag.org/content/352/6285/565
- https://www.gehirnforschung.at/project/die-darm-gehirn-achse/
- http://www.dgmim.de/index.php?id=229
- http://www.letyourbodytalk.at/das-gehirn-in-deinem-herzen/
- http://www.letyourbodytalk.at/faszination-gehirn/

- http://www.spektrum.de/news/was-darmbakterien-mit-depressionen-zu-tun-haben/1156781
- http://www.zeit.de/2014/12/mikrobiom-bakterien-darm/komplettansicht
- https://de.wikipedia.org/wiki/Lebensmittelzusatzstoff
- https://de.wikipedia.org/wiki/Mikrobiom
- https://de.wikipedia.org/wiki/Schutzatmosph%C3%A4re
- https://discover-health.center/das-mikrobiom-dreh-und-angelpunkt-der-gesundheit/
- https://www.adka.de/solva_docs/Mannheim2015Vortrags-em5FELLHAUER.pdf
- https://www.tu-braunschweig.de/Medien-DB/ifdn-physik/atmungstoffwechsel.pdf
- https://www.aerzteblatt.de/archiv/127068/Mikrobiomforschung-Wie-koerpereigene-Keime-als-Superorgan-agieren
- https://www.lebensmittellexikon.de/s0000210.php
- https://www.aerzteblatt.de/archiv/127068/Mikrobiomforschung-Wie-koerpereigene-Keime-als-Superorgan-agieren

Unterlagen von Aus- und Weiterbildungen sowie Lehrgängen:

- Lehrgang Dipl. Vital- und Ernährungstrainerin, 2010–2012, Leitung: Siegfried Wintgen, Body & Health Academy.
- Lehrgang Ernährungsexpertin nach TEM, 2015–2017, Arnold Mayer, Siegfried Wintgen.
- TEM-Ausbildung, Modul 1 und 2, 2018, Dr. Karl-Heinz Steinmetz, 1. Zentrum für Traditionelle Europäische Medizin.
- TEM-Ausbildung, Modul Bauchzentrum, 2019, Dr. Karl-Heinz Steinmetz, Institem.
- Puls-, Harn- und Zungendiagnose, 2020, Friedemann Garvelmann, TEM-Akademie.
- Workshop »Wilde Fermentation«, Wien 2015, Ingrid Palmetshofer.
- Lehrgang integrative Ernährungsexpertin, 2020/2021, Dr. Claudia Nichterl, Akademie für integrative Ernährung GmbH.

Über die Autorin

Foto: © Klaus Ranger

MICHAELA HAUPTMANN

Geboren 1972, lebt in der Nähe von Wien, diplomierte Vital- und Ernährungstrainerin, Ernährungsexpertin der TEM und der integrativen Ernährung, Rezeptentwicklerin und Vorstandsmitglied der Wiener Kneipp-Aktiv-Clubs. Kochen ist ihre Leidenschaft, sie leitet Kochkurse und Kochworkshops und probiert gern Neues aus. Leben, Reisen und Genuss sind ihre Schlagwörter.

www.michaelahauptmann.com

WEITERS ERSCHIENEN

Die Autorin beschreibt die Idee der TEM (Traditionellen Europäischen Medizin) und bietet neben fachlichem Wissen viele Tipps für den Alltag sowie hundert genussvolle Kochrezepte. Die 4-Temperamente-Küche mit den Elementen Feuer, Wasser, Erde und Luft begleitet uns durch den Tag, sie weckt unsere Lebensgeister. Egal ob man sanguinisch, cholerisch, melancholisch oder phlegmatisch veranlagt ist – mit diesem Grundlagenbuch kann jeder seine typgerechte Ernährung finden.

Michaela Hauptmann
Temperamentvoll essen
Ernährung nach der Traditionellen Europäischen Medizin
Hardcover, 376 Seiten
Format: 20 x 24,5 cm
Durchgehend farbig bebildert
ISBN 978-3-7095-0106-1
E-Book: 978-3-7095-0121-4

WEITERS ERSCHIENEN

Michaela Hansl
Natürlich einfach. Kochen mit Haferreis
176 Seiten, Hardcover, ISBN 978-3-7095-0127-6

Jana Vlková
Kochen mit Löwenzahn
92 Seiten, Hardcover, ISBN 978-3-85068-998-4

ENNSTHALER VERLAG STEYR

WEITERS ERSCHIENEN

Maria Treben
Gesundheit aus der Apotheke Gottes
156 Seiten, Broschur, ISBN 978-3-85068-179-7

Karoline Postlmayr
Natürlich leben ohne Chemie
148 Seiten, Broschur, ISBN 978-3-85068-975-5

Valerie Jarolim
Nachhaltig schön
136 Seiten, Hardcover, ISBN 978-3-7095-0105-4

Georg Weidinger
Die Heilung der Mitte
432 Seiten, Hardcover, ISBN 978-3-85068-864-2

Günther W. Frank
Kombucha. Das Teepilz-Getränk
176 Seiten, Broschur, ISBN 978-3-85068-304-3

Roswitha Fehrer
Das 5-Elemente-Kochen
296 Seiten, Broschur, ISBN 978-3-85068-538-2

Rezepte aus dem Pfarrhaushalt
Gutes für Leib und Seele, Band 1
320 Seiten, Hardcover, ISBN 978-3-85068-787-4
Band 2: 432 Seiten, ISBN 978-3-85068-788-1

Martin Weber
Der Mensch im Gleichgewicht
208 Seiten, Hardcover, ISBN 978-3-85068-833-8

ENNSTHALER VERLAG STEYR